CB072464

Longevidade *Como usar*

Dr. Michel Allard
Dra. Armelle Thibert-Daguet

Longevidade *Como usar*

Tradução
Márcia Frazão

JOSÉ OLYMPIO
EDITORA

Título do original em francês
LONGÉVITÉ MODE D'EMPLOI

© *Le Cherche midi Editeur, 1998*

Reservam-se os direitos desta edição à
EDITORA JOSÉ OLYMPIO LTDA.
Rua Argentina, 171 – 1º andar – São Cristóvão
20921-380 – Rio de Janeiro, RJ – República Federativa do Brasil
Tel.: (21) 2585-2060 Fax: (21) 2585-2086
Printed in Brazil / Impresso no Brasil

Atendemos pelo Reembolso Postal

ISBN 85-03-00878-5

Capa: ISABELLA PERROTTA / HYBRIS DESIGN

CIP-Brasil. Catalogação-na-fonte
Sindicato Nacional dos Editores de Livros, RJ.

A421L

Allard, Michel, 1946-
    Longevidade: como usar / Michel Allard, Armelle Thibert-Daguet; tradução Márcia Frazão. – Rio de Janeiro: José Olympio, 2005.

    Tradução de: Longévité mode d'emploi
    Inclui bibliografia
    ISBN 85-03-00878-5

    1. Longevidade. 2. Envelhecimento. 3. Medicina preventiva. I. Thibert-Daguet, Armelle. II. Título.

05-1276

CDD – 613.0438
CDU – 613.98

Sumário

A VELHICE É UM CONCEITO!	11
Quando?	13
Como se fica velho?	21
Qual é a finalidade da longevidade?	40
O MILÊNIO DOS CENTENÁRIOS	43
Afinal, o que os demógrafos fazem?	49
A política do avestruz ou das panteras?	74
Pós-sexagenário e neo-idoso!	76
A VELHICE HÁ DE VIR... MAS QUAL?	79
Longevidade: uma ameaça à sociedade?	81
Longevidade: uma ameaça ao indivíduo?	86
Longevidade: perigo ou oportunidade?	91
A LONGEVIDADE... PARA TODOS!	93
Recusar uma identidade específica aos idosos!	95
Elevar o nível econômico e cultural da população	97
Um outro "culto" da velhice	98
A pluriatividade em todas as idades para sociabilizar	101
Prevenção e cura para todas as idades... a todo custo!	108

Finalmente, os idosos poderão mudar a velhice! 111
A estrada é longa! 114

A LONGEVIDADE PARA CADA UM! 115
O que os homens querem? Na falta de imortalidade,
  juventude! 117
O que os homens podem! 129

A SAÚDE NO COTIDIANO 149
Nada de muito sol! 151
Fumar ou não fumar? 153
Estresse e estimulação 157
A longa marcha do cérebro 159
Perda da memória 162
E agora, vamos à dança! 164
O tombo e suas reincidências 168
Comer... (bem) para viver... (muito tempo) 171
A medicina orquestra! 177
E o sexo em tudo isso? 186
Desejar, ainda e sempre! 193

Bibliografia 203

A humanidade presencia hoje uma das maiores experiências da sua existência. Sem dúvida, mais importante que a descoberta do fogo, a invenção da roda, a imprensa, a eletricidade, a eletrônica... E ainda mais marcante que a conquista do espaço: a conquista da longevidade! Enfim, o homem pode desfrutar a sua vida por inteiro!

Embora tida por alguns como um flagelo porque está associada à velhice, a graça da longevidade pode estar finalmente acessível a todos os indivíduos. No passado, os longevos eram raros e memoráveis. Agora, na alvorada do terceiro milênio, é toda a espécie humana que se encaminha para a longevidade. Uma longevidade que vai ao encontro dos limites do seu potencial genético e que talvez até o renove.

Esta evolução da longevidade é fulgurante! Ao longo dos séculos anteriores, a expectativa de vida para o homem era de 30 e poucos anos. Na Europa, no início do século XIX, ela estava por volta de 40 anos. De repente, no decorrer de 200 anos, ocorre a explosão: 100% de vida a mais para os ocidentais e, em breve, também para as populações dos países em desenvolvimento. A longevidade nos atinge como um cometa!

Ainda é difícil calcular exatamente a dimensão de tal acontecimento e imaginar os seus efeitos sobre nossas vidas e nossas sociedades. Suas conseqüências materiais, demográficas, econômicas e afins são, em parte, previsíveis. Seus cenários "catastróficos" não podem ser esquecidos: superpopulação do planeta, guerra de gerações, senilidade geral... Tudo isso é uma incógnita. O tamanho e a rapidez do fenômeno podem inquietar. Mas o fato é que estamos prestes a acolher uma nova longevidade, porque ela é fruto dos progressos econômicos, sanitários, sociais... das últimas décadas. Este cometa não é uma obra do acaso, pois ele foi lançado pelo próprio homem! E ele — também — tem desempenhado as competências que o farão adaptar-se ao seu novo dono. Esperemos então que ele saiba jogar o seu jogo! Isso não significa, no entanto, que o foco deva se limitar ao papel econômico deste fenômeno, sua dimensão mais trivial. A longevidade abre um campo extraordinário de pesquisas e descobertas. Então, quem já se prepara, em termos de sociedade ou dos próprios indivíduos, para dar um sentido e um conteúdo aos 30 ou 40 anos suplementares que se oferecem ao homem, mais além do cumprimento de sua missão genésica, mais além da transformação de sua existência? E qual será este sentido? Certamente aí está a grande interrogação. Que formas de sociedade e de humanidade poderão nascer desta nova longevidade do homem?

Em se tratando de longevidade, ainda resta muito a aprender e muito a fazer! Os fundamentos de nossa cultura atinentes à idade e à velhice estão totalmente ultrapassados, caducos, obsoletos... Jamais seremos velhos como o foram os nossos avós, pois teríamos que viver 30 anos mais que eles para que um dia pudéssemos nos assemelhar a eles. Eis por que devemos inventar esta idade nova que somos os primeiros a conhecer! Que responsabilidade para... os "velhos"! E como se preparar para esse tipo de responsabilidade? Isto é justamente o objeto deste livro. Nossas inquietudes face à idade colocam cinco questões. O que significam atualmente velhice e envelhecimento? Como esses conceitos evoluem? Quais são os (verdadeiros) problemas apresentados por essa evolução? Quais são as soluções que a sociedade pode oferecer? O que é que cada um de nós pode fazer?

Sem pretender responder a todas essas questões, este livro abre novas pistas e traz informações capazes de alimentar uma reflexão sobre elas. A apreensão de todos os grandes fenômenos humanos apresenta uma diferença considerável de aspecto, de coloração e de compreensão, colocada de acordo com o ponto de vista masculino e feminino. E com certeza a longevidade não escapa a essa regra. Por isso optamos por testemunhar em duas vozes, um dueto misto. Se bem que como médicos nosso desejo tenha sido o de dar testemunhos os mais amplos possíveis, certamente na esfera da medicina, mas igualmente abertos para as outras dimensões da longevidade, que são inúmeras. No fim das contas, acabamos nos tornando resolutamente otimistas: antes mais otimistas que sofrer e se lamentar! Da parte da reflexão, não há do que reclamar!

A velhice é um conceito!

Quem, algum dia, irá se reconhecer como "velho"? O "velho" é sempre um outro! Um menos jovem, menos ativo, menos válido, menos operante, menos conservado... E a idade não muda em grande coisa esse quadro! Portanto, é necessário definir a velhice, identificar suas causas, investigar sua finalidade. Quando se está velho? Como isso acontece? Por quê?

QUANDO?

Com que idade se fica velho? A idade é um dado biológico. Corolário da vida, a idade marca as fases fisiológicas do crescimento e da reprodução, inscrevendo-se numa duração limitada, própria a cada espécie. Ela poderia então definir a pessoa? Quais são as informações que se podem extrair da data de nascimento? Na idade de três anos, pode-se imaginar a formação da palavra e do andar, a irrupção dos 20 dentes de leite e o ingresso próximo no maternal. E nos 50 anos de idade? Sofrendo de artrite ou sendo maratonista? Na ativa ou aposentado? Jovem (re)casado ou avô? Com a idade (!), a idade perde todo valor previsível, porque as variações entre os indivíduos são muitas. Do igualitarismo biológico inicial (que ponto de partida seria este?) nascem adultos originais, cujo reagrupamento por faixa etária não faz muito sentido. Quanto mais o indivíduo envelhece, mais ele se torna uma pessoa, um personagem, resultado da gestão mais ou menos avisada do patrimônio genético e das múltiplas experiências vividas. A idade é, portanto, a mais imperfeita das referências, a menos significativa entre os pontos comuns suscetíveis de reagrupar os indivíduos. E o valor relativo nunca faz muito sentido. As pessoas idosas seriam então aquelas que ultrapassaram a idade média da população. Que belo assunto este! Salvo que agora existe um número maior de velhos, uma vez que a idade média da população tem-se elevado, e cada vez mais se envelhece tardiamente!

Então, além da idade, que outros critérios poderiam definir melhor as pessoas "idosas"? A inatividade profissional? Socialmente falando, muita gente considera velhice e aposentadoria como sinônimos! Esta idéia repousa na concordância que antes havia entre as idades e os "tempos sociais": a juventude era o tempo das aquisições e dos aprendizados; a idade adulta era o tempo da produtividade; e a velhice era o tempo da aposentadoria e da inatividade. Esse tipo de divisão não funcionava muito bem porque a entrada na vida ativa se dava sem latência ao final dos estudos, da mesma forma que os primeiros obstáculos físicos da velhice apareciam antes do final da vida profissional, justificando o repouso "bem merecido" da aposentadoria. E o que ocorre em nossos dias, quando a adolescência é interminável, os estudos ocupam um período mais extenso, a entrada na vida ativa está associada ao desemprego, a saída do cenário profissional é antecipada em função dos problemas vividos pela economia, e a aparição dos estigmas da velhice recua de 20 a 30 anos em relação ao término das atividades?

Hoje a improdutividade não serve mais como critério para avaliar a velhice, do mesmo modo que o aprendizado não serve mais para avaliar a juventude! As referências familiares confundem-se com as referências profissionais. Aos 60 anos de idade ainda se é, ao mesmo tempo, filho, pai e avô!

Malgrado tais considerações, a idade de entrada na velhice era e continua sendo arbitrariamente fixada entre 60 e 65 anos, baseada exclusivamente em critérios sociais (período reservado às pensões de aposentadoria), sem levar em conta o estado de saúde das pessoas e a geração à qual pertencem. No entanto não só o contexto social, mas também o econômico, o médico e outros contextos nos quais se desenrola a existência influem enormemente na qualidade do envelhecimento. Sem o "efeito geração", os sexagenários de hoje seriam cópias fiéis dos seus antepassados com a mesma idade. E está longe de ser este o caso! As diferenças entre as gerações mostram até que ponto a época atravessada modela mais fortemente os indivíduos, no sentido físico e psicológico. Pode-se pensar que as penúrias da guerra, o advento dos antibióticos ou ainda a liberação sexual não teriam influenciado o curso — ou o decurso — da existência? Ou que estes eventos teriam um peso idêntico, mesmo quando vividos em idades de dez, 20, 30 anos ou mais?

Se a idade e o nível profissional são apenas marcadores unívocos da velhice, como referenciá-la corretamente? Atualmente, a tendência será assimilar a velhice à dependência. Se de fato é verdade que uma fase de dependência finaliza a maioria dos percursos humanos, esta dependência não é sistemática e exclusiva dos males da velhice. Se menos de 5% das pessoas com mais de 65 anos estão institucionalizadas, isso quer dizer que os outros 95% não são "velhos"? E fazer o tempo da velhice retroceder aos limites da vida não significa identificá-la com a morte e assim contribuir para torná-la igualmente intolerável? Por que então escamotear esta fase essencial da história individual, um tempo de completude pessoal na qual a reflexão supera a ação, onde dar é mais importante que receber, onde a existência em vias de desenlace assume todo o seu sentido?

O envelhecimento é um processo evolutivo que começa no momento do nascimento. Ninguém escapa dele. Mas quando se fica velho? Embora seja fácil isolar as fases de iniciação transitória como a infância ou a adolescência, a maturidade é, ao contrário, uma evolução contínua que caminha para a morte, caracterizada por aquisições e perdas, salpicada de doenças, mas que não pode ser resumida nem a uns nem a outros. No entanto multiplicam-se as denominações para qualificar o "inqualificável": velhos, seniores, pessoas idosas, terceira idade, quarta idade, anciãos, jurássicos... Ou seja, guetos semânticos recusados pelos principais interessados, que nunca se reconhecerão ao serem chamados por outra coisa que não o nome e o sobrenome!

Da mesma forma que não se pode definir a velhice, não se pode impedir que ela seja percebida. Tanto a dos outros como a de si mesmo. Os "anciãos" sempre foram identificados como tal e inspiraram sentimentos irracionais e extremos aos seus contemporâneos, uma função de épocas e de sociedades, oscilando entre crítica exacerbada e veneração, sem que a evolução numérica das pessoas idosas tivesse sido o bastante para explicar as considerações das quais elas foram e continuam sendo objeto. A velhice é idealizada ou aviltada: os velhos foram belos e bons até a Idade Média... E voltaram a ser o mesmo no século XVIII, depois de terem encarnado a miséria no século XVI e os pecados da humanidade no século XVII! Tendo sido alternativamente objeto de respeito e de piedade ou de repulsa, muito raramente a velhice foi investida de um papel que lhe é mais apropriado, pelo menos em nossas sociedades que privilegiam os bens materiais, produzindo-os e consumindo-os acima dos valores espirituais adquiridos e transmitidos. Embora este movimento tenha iniciado no século XIX, as sociedades industrializadas da atualidade continuam percebendo os velhos como "improdutivos", "doentes", "empecilhos", como uma carga, um problema social, um investimento que cedo ou tarde a sociedade dificilmente deixará de ignorar mas que não poderá suprir.

Estas imagens depreciativas são um verdadeiro absurdo. Um absurdo médico, pois condenam à inatividade uma população saudável de 70 anos de idade, ou mais, sem nenhuma incapacidade física. Um absurdo senso econômico, pois aumentam o número de pensionistas, o que tanto fragiliza os beneficiários (com a diminuição do valor das pensões) como os ativos (com a elevação dos encargos), comprometendo assim a solidariedade entre as gerações. Um absurdo social, pois uma parte da população se vê excluída. Enfim, um absurdo humano, pois contrariam a vontade dos interessados que na sua maioria são curiosos e atentos a respeito do mundo exterior e suas inovações, além de sempre estarem solidários com o destino coletivo da sociedade na qual eles acham que desempenham um papel. Então, a quem beneficia o "crime" de exclusão daqueles que têm mais de 55 e 60 anos de idade? A própria sociedade não teria interesse em assegurar a afluência de todos segundo a competência de cada um, antes de decidir os destinos individuais em função da idade e de concentrar as atividades profissionais sobre o terço mediano do percurso humano? Ainda mais porque os mesmos valores estão em vias de serem adotados por todos. Para todas as gerações, a busca da qualidade e da autenticidade precede o culto do desempenho que prevalece há muito tempo. E hoje os mais idosos revelam toda a sua capacidade de adaptação e inovação para mexer na inércia das novas gerações, inquietas e desmotivadas. É o mundo ao inverso! Os velhos seriam então o futuro do homem?

O "idadismo" precisa ter um fim! Ele não tem nenhuma justificativa, já que os seus efeitos são negativos e todos nós somos suas próprias vítimas, hoje ou amanhã!

CÍCERO, SÊNECA, PLATÃO E OUTROS...

Não é de hoje que a velhice desencadeia as paixões, as críticas, as homenagens, os clamores dos corações poéticos e as (vis) bajulações! Há mais de dois mil anos, Cícero esforçava-se em reabilitar a velhice, refutando, uma a uma, as críticas que a ela eram dirigidas. O seu tratado *(De Senectute)*[1] tem como objetivo reforçar o poder declinante dos senadores romanos...

A velhice obrigaria o indivíduo a se retirar dos afazeres? *Não haverá algum tipo de afazer que os velhos possam realizar, mesmo sem força física? Dizer que a velhice não pode se dedicar aos afazeres é também dizer que, na embarcação, o piloto que segura o leme não faz nada e que só aqueles que escalam os mastros é que correm e se esforçam... e são úteis. A velhice não é capaz de fazer o que os jovens fazem, mas sempre faz mais e melhor. Não é o vigor, a agilidade ou a rapidez corporal que executa as grandes ações, e sim a sabedoria, a autoridade e o valor da prudência. Portanto, longe de ser uma privação, a velhice geralmente está em vantagem. Os velhos conservam a sua disposição intelectual natural e, até certo ponto, as suas aplicações e atividades. E isto não vale apenas para as personalidades ilustres e honradas, mas também para a vida simples e pacata de qualquer pessoa.*

A velhice seria o tempo da fraqueza? *O vigor não deveria faltar aos velhos, da mesma maneira que a força do elefante e do touro não deveria faltar aos jovens. O velho age e utiliza a ação de acordo com sua força. A fraqueza extrema, longe de ser própria da velhice, é inerente, sim, à doença e pode ocorrer em qualquer idade.*

A velhice seria a privação do prazer? *A velhice não está privada de coisa alguma, mas liberada das paixões ardentes que cegam o espírito. Para a alma que já se liberou da volúpia, da ambição, das rivalidades, dos inimigos e de todas as paixões, poder isolar-se e viver consigo mesma é sempre algo precioso. O velho não é, portanto, insensível ao prazer, pois o experimenta sem excesso, numa medida justa e suficiente. Além disso, para os adeptos da reflexão e da cultura, os prazeres do espírito, superiores a qualquer outro prazer, aumentam com a idade. Enfim, todo velho que viveu sua existência com dignidade pode coroar sua velhice desfrutando o supremo prazer do seu prestígio.*

A velhice seria a antecâmara da morte? *Por que fazer agravo à morte somente com a velhice, se todas as idades estão sujeitas a ela?* (A estimativa de vida era então de 25 anos.) *A vantagem do velho sobre o adolescente é já ter obtido aquilo a que todo mundo almeja: ele já viveu muitos anos, muitos. Infelizmente, os que não vivem tanto acabam não aprendendo a desprezar a morte!*

Com aproximadamente 100 anos de distância e por motivos políticos semelhantes, Sêneca também defendia a velhice (em *Cartas a Lúcio*). Como Cícero, ele deu uma boa acolhida à velhice que, apesar de limitar a relação com o corpo, permite o pleno desabrochar da alma. Todavia Sêneca fustigou igualmente aqueles que não sabiam abandonar suas funções a tempo (na obra *Da brevidade da vida*).[2] O desejo da maioria das pessoas de continuar exercendo uma função dura por mais tempo que sua capacidade permite exercer; elas lutam contra a própria fraqueza, a velhice lhes parece penosa simplesmente porque as coloca à parte... Os homens encontram mais dificuldades para obter a aposentadoria de si mesmos do que da lei. Em vez de se conturbar com as tarefas de um presente que de tão breve não pode ser mantido, ou de se consagrar a um futuro em essência sempre incerto, Sêneca prefere voltar-se para aquele período ilimitado que escapa ao azar e é dado a todos nós: o passado. O passado de cada um de nós e o da humanidade inteira. Trilhar o passado com auxílio dos pensadores, poetas e filósofos que já o trilharam é encontrar o caminho da sabedoria e dar uma dimensão ilimitada à brevidade da existência.

Quanto a Platão, crítico severo dos homens e dos seus métodos políticos, descrente da democracia ateniense que prometia o igualitarismo sem levar em conta as competências individuais, ele considera que, se a idade é o único meio de adquirir a virtude, o culto aos velhos deve ser um reconhecimento das suas qualidades e não da velhice propriamente dita. Ninguém pode ter nenhum objeto de culto mais digno do que um pai ou um avô respeitados, ou do que a mãe ou a avó que acumularam velhice (*As leis*). A partir dos 50 anos de idade, e após um longo período de aprendizado, o filósofo atinge sua velhice virtuosa e competente, desdenhoso do seu declínio físico e já livre do prazer juvenil de assegurar a felicidade dos homens (*A República*).

1. Cícero, *De Senectute*, texto traduzido para o francês por Pierre Wuilleumier, ed. Les Belles lettres.
2. Sêneca, *De la brièveté de la vie*, texto traduzido para o francês por Colette Lazam, ed. Rivages poche.

COMO SE FICA VELHO?

Para definir o culpado — o envelhecimento —, ninguém melhor que suas vítimas! Não é de hoje que as doenças e a velhice são tidas como processos imbricados, medidos pelo seu resultado comum: a morte. Atualmente faz-se uma distinção entre o estudo do envelhecimento, a gerontologia, e o estudo das doenças da velhice, a geriatria. No entanto seria extremamente artificial fazer uma distinção entre o envelhecimento e a doença, caso o primeiro preparasse obrigatoriamente a cama do segundo. A simples evolução demográfica das nossas sociedades prova, pelo contrário, a diversidade dos dois fenômenos. Se o acesso aos cuidados, à prevenção e à cura é cada vez mais acessível a todos, pode-se imaginar que num futuro próximo haverá uma proporção cada vez maior de "velhos" vivendo serenamente os seus 100, 110, 120 anos, e até mais; ou seja, atingindo o suposto limite da longevidade humana e morrendo neste ponto máximo da vida em plena posse de sua saúde. Definitivamente, o envelhecimento e a doença são duas entidades bem distintas. Pode-se assim "condenar" o primeiro sem o envolvimento do segundo!

O envelhecimento é um processo evolutivo inelutável (o que não significa que seja único e igualitário), função do tempo cronológico, mesmo que a relação entre tempo e envelhecimento esteja a salvo da linearidade! O envelhecimento é a ação do tempo sobre os seres vivos. O resultado consiste na perda progressiva da capacidade de adaptação do organismo face às flutuações e às agressões do meio ambiente. As adaptações fisiológicas necessárias para enfrentar o esforço físico, a doença, o traumatismo, o pesar... são menos vigorosas, embora mais lentas e difíceis para o restabelecimento do estado de equilíbrio.

A PONTE DA VIDA

O envelhecimento pode assumir a imagem de uma ponte colocada entre o nascimento e o extremo dos 100 anos de existência, uma ponte cuja largura diminui cada vez mais. Só se sai desta ponte morto, pois antes se cai dentro do rio (o Stix, bem entendido). A vida começa então numa via larga e espaçosa, de modo que se uma rajada de vento lhe atinge você tem tempo suficiente para se recompor e restabelecer o seu equilíbrio. Salvo para alguns menos afortunados e felizmente raros, que vivem nas proximidades da borda (por causa de doença ou de mal de nascença) e são obrigados em algum ponto de sua modesta trajetória a se precipitar no vazio. À medida que se avança em idade e se progride sobre a ponte, a via se estreita. E os passos em falso se tornam cada vez mais perigosos, ficando cada vez mais difícil evitar a queda no vazio. Os mais que centenários não seriam então melhores transeuntes e sim ginastas (exaustos!), equilibrando-se na corda bamba, própria dos malabaristas, conforme a metáfora do saudoso professor François Bourlière.

A adaptabilidade do organismo repousa na eficácia das comunicações intercelulares, quer dizer, na capacidade das células de receber e emitir as mensagens que comandam as modificações do seu comportamento. Ora, as células envelhecidas interrompem o entendimento e a compreensão! Quais seriam então os responsáveis por esta incomunicabilidade?

A LONGEVIDADE: UM CASO DE GENES

O código genético é diferente segundo cada uma das espécies. E o mesmo ocorre com todos os espécimes de uma mesma espécie, mesmo quando os traços comuns são mais numerosos. Os genes são as moléculas da hereditariedade transmitidas meio a meio por cada um dos pais. Cada uma das 60 bilhões de células-filhas nascidas da fecundação de um óvulo por um espermatozóide é portadora de 23 pares de cromossomos nos quais coabitam cerca de 100 mil genes (no total!), cada um responsável pela fixação de uma característica particular. Presentes em todas as células, os genes manifestam as suas funções independentemente da especialidade da célula que os hospeda. Assim, o gene responsável pela cor dos olhos abriga-se "silencioso" no interior de uma célula renal!

A longevidade do indivíduo, ou seja, o envelhecimento que ele pode atingir, sem as contingências da existência e sem os riscos do modo de vida adotado, está inscrita nos seus genes. Se assim não fosse, como explicaríamos o fato de que a longevidade é uma característica constante e imutável de cada espécie (dois anos para os ratos, 100 anos para as tartarugas etc.); ou de que os recordes de longevidade possam ser uma característica de família e, portanto, geneticamente transmitidos; ou de que certas doenças inscritas nos genes coincidam com a aceleração do envelhecimento? Um último argumento (não menos importante) nos vem dos especialistas em genética, que, pelas mutações genéticas, conseguem aumentar de maneira significativa a longevidade de diversas espécies de animais inferiores, bem distantes da espécie humana. A longevidade das espécies e dos indivíduos é, portanto, governada por seus genes. Mas o envelhecimento é causa ou conseqüência da longevidade? Na primeira hipótese, o envelhecimento é um processo ativo e programado que tem como finalidade fazer desaparecer o indivíduo, para que sua espécie continue evoluindo. Na segunda hipótese, o envelhecimento é um fenômeno passivo que se desenvolve quando a duração da existência o leva a isso.

O envelhecimento não parece depender de um programa genético, como ocorre, por exemplo, com o crescimento ou o surgimento de certas doenças. Os genes envolvidos com o envelhecimento não o comandam. Eles simplesmente carregam a responsabilidade, mas são incapazes de fazer oposição! Estes são os genes da manutenção, cujo papel consiste em impedir ou reparar as degradações celulares. Eles programam a síntese das enzimas antioxidantes, a reparação do DNA etc. A longevidade do indivíduo depende da eficácia destes genes, enquanto a precocidade e a rapidez do seu envelhecimento dependem deles de maneira indireta. Ainda que os genes não estejam ligados em *stricto sensu* ao envelhecimento, eles codificam as doenças mortais e participam delas. Vive-se muito tempo quando se está programado para evitar ou reparar os erros do percurso. E quando não se está em vias de desenvolver um câncer ou uma doença cardiovascular...

Entre outras de suas qualidades originais, os genes também estão sujeitos ao tempo que passa e às agressões do meio ambiente. Eles são sensíveis ao tempo, pois os erros de cópia acumulam-se no decorrer das renovações celulares, durante a transmissão das mensagens genéticas. As "duplicatas" sucessivas de genes distanciam-se cada vez mais do modelo original. E também o funcionamento das células que eles comandam! Os genes são igualmente sensíveis ao meio ambiente, visto que os diversos produtos metabólicos como a glicose e os radicais livres são capazes de modificar sua "expressão". Os genes reguladores e reparadores, relacionados com o envelhecimento, sujeitam-se a esta lei comum. Eles não são imutáveis, pois são transformados pelo tempo e por vezes perdem a eficácia, mesmo quando as suas intervenções são indispensáveis.

A longevidade do organismo é, portanto, determinada pelos genes, que programam o bom funcionamento e a manutenção da unidade funcional de base: a célula. O envelhecimento é a expressão passiva desse potencial genético inicial e das alterações aleatórias não-programadas, que se acumulam a ponto de comprometer a vida e as funções das células.

NADA MAIS QUE GENES!

O envelhecimento não está sob o controle exclusivo dos genes. Certos agentes conhecidos por exercerem efeitos deletérios sobre o genoma não limitam a sua toxidade neste alvo. Os açúcares têm assim a particularidade de ligar-se às proteínas de maneira inelutável e irreversível. A união glicose-proteína (também chamada glicosilação ou glicação) intensifica-se com a idade, acarretando problemas metabólicos e a rigidez progressiva dos tecidos. Os lipídios reforçam esta rigidez geral ao atacar especificamente os tecidos elásticos. Já os radicais livres produzidos pelo metabolismo celular e pelas radiações são altamente tóxicos para o conjunto das membranas celulares e das proteínas.

O envelhecimento pode, portanto, ser considerado como um processo passivo, não programado, que as espécies são capazes de retardar ou amortecer graças aos "escudos" dos quais elas dispõem, aqueles que determinam a sua longevidade. As manifestações do envelhecimento são testemunhos do patrimônio genético e dos fatores ambientais. É difícil avaliar o lugar relativo desses diferentes mecanismos, na medida em que suas conseqüências variam de uns para outros. As teorias explicativas do envelhecimento (genéticas, radiculares, por união...) nascem da prevalência que seus autores atribuem a um ou outro desses mecanismos.

As cartas na mesa

O homem não dispõe de outra escolha senão jogar sua vida com as cartas que tem à mão: os genes! E o desenrolar deste jogo depende dos seus prognósticos, quer dizer, das suas ambições e das suas escolhas iniciais. Pode-se ganhar a partida com um jogo pequeno, vivendo-se muitos anos com uma predisposição aos enfartes (desde que haja uma boa prevenção). Sem esquecer-se, porém, dos outros jogadores que podem influenciar o desfecho da partida: a longevidade também depende do ambiente socioeconômico e dos acasos da existência!

Um envelhecimento plural e desigual

"Comandados" pelo mesmo patrimônio genético e expostos ao mesmo ambiente, os diversos órgãos envelhecem em velocidades distintas, segundo o tipo de células de que são feitos. Assim, as diferentes funções fisiológicas enfraquecem com a idade e "anulam-se" num prazo que oscila entre 75 anos para os mais frágeis (elasticidade do cristalino) e... 400 anos para os mais resistentes (velocidade da condução nervosa)! Estes resultados são uma extrapolação das curvas do decréscimo funcional de cada órgão, pois se muitos de nós já experimentaram a presbitia, ninguém chegou a testar a velocidade da condução nervosa até o seu limite! A "confusão" das comunicações entre as células envelhecidas contribui para o declínio das funções imunizadoras e neuroendócrinas. Os anticorpos erram o alvo, atacam os próprios componentes do organismo e negligenciam as células estrangeiras, os agentes infecciosos e as células cancerígenas; as mensagens hormonais, mal-interpretadas pelas células alvo, deixam de propiciar os ajustes metabólicos necessários. É o envelhecimento do organismo em "peças separadas" que conduz à morte ao final de 120 anos, no caso de ausência de doenças. Por isso é preciso dizer e repetir que, na aparição das disfunções, o envelhecimento desempenha uma responsabilidade bem inferior à das doenças. Poder-se-ia mesmo definir o envelhecimento "fundamental", fisiológico e isento de doenças, como um avanço em idade, durante o qual a maioria das grandes funções seria preservada. Sozinhas, as margens de segurança são progressivamente reduzidas! O homem dispõe efetivamente de uma reserva fisiológica que lhe permite enfrentar por longo tempo o declínio de suas funções. Anatomicamente, tem-se de tudo o bastante! Bastante pulmão, bastante fígado, unidades suficientes de filtragem do sangue pelas veias... A limpidez renal que define o poder de depuração do sangue pelos rins passa de 120 ml por minuto, no adulto jovem, para menos de 30 ml, na velhice, e isso sem nenhum prejuízo aparente. O envelhecimento é acompanhado pela diminuição progressiva das reservas fisiológicas, uma diminuição própria a cada função, cada órgão e cada indivíduo. Quer o declínio seja regular ou sujeito a acelerações, ele atinge em certo momento um valor que impossibilita a vida.

A INEVITÁVEL COMPARAÇÃO COM O AUTOMOBILISMO

O carro tem um grande papel na gerontologia. Pois ele é o rei das metáforas. Sem ele, como poderíamos ilustrar a finitude do homem e a possibilidade de diversos caminhos?

Para o professor James Fries, gerontólogo californiano, a finitude do homem responde a leis iguais às da finitude dos veículos! Transportemo-nos então para a sala de estudos de um construtor de automóveis. Por mais que se pense o contrário, os automóveis não são programados para quebrar um dia. Nenhum mecanismo autodestrutivo (é o que se diz) é instalado dentro do veículo para limitar o seu tempo de uso. Os veículos — aqui a nuance é sutil — são construídos de maneira a não durarem mais do que um certo tempo! Um tempo determinado pelo construtor, o qual por sua vez trata de satisfazer o consumidor e a necessidade de girar a roda "industrial". Antes de tudo, é essencial que os veículos funcionem perfeitamente durante o período de garantia, para não arruinar a reputação e as finanças da indústria. Depois disso, o preferível é que esses veículos continuem a funcionar corretamente até que sejam dispensados pelos seus primeiros donos, pois assim eles ainda se sentirão encorajados a investir na mesma marca. A dificuldade consiste em estimar a data e a quilometragem, quando não se conhece o tipo de conduta ao qual o veículo será submetido, nem os acidentes que ele poderá sofrer. O melhor a fazer é estipular uma margem de segurança! Digamos que 100 mil quilômetros isentos de acidentes seja a margem ideal, e que a construção do veículo é feita para atender esta meta. Acontece o mesmo com o homem! Ele não é programado para morrer, mas para "se manter" por mais de 100 anos; isso na melhor das hipóteses, quando o motorista é prudente, a máquina é bem-cuidada e a sorte viaja ao lado. Quanto à duração da garantia, seria a do tempo necessário para ter filhos, os 30 anos de expectativa de vida que foram concedidos aos nossos ancestrais, depois da noite dos tempos, e que asseguram a perenidade da espécie, mesmo nas piores condições de "utilização".

Automóveis e homens assemelham-se de diversas maneiras. A pane definitiva de um veículo, aquela que determina a sua quebra, pode ser um fato de um único órgão. Um motor cujos cilindros estão completamente gastos já é motivo para fazer reformas. Os freios gastos, um carburador defeituoso, uma carroceria enferrujada ou o chassi deformado podem perfeitamente estabelecer um término para os seus serviços. Deve-se então concluir que a resistência dos veículos, ou dos homens, reside num determinado órgão? Não! Certos órgãos são mais frágeis que outros, mas todos são indispensáveis ao funcionamento durável do conjunto. Da mesma forma que o mais frágil elo determina a solidez de uma corrente, o órgão mais frágil é o primeiro a apresentar as fraquezas que condicionarão a longevidade do "todo", seja este homem ou veículo. A menos que ele seja substituído, o que acontece cada vez mais com os homens e cada vez menos com os veículos!

Depois de ocorrer na célula e no órgão, onde é que o envelhecimento do indivíduo se dá? Em primeiro lugar, não se deve conceber o envelhecimento no singular, porque há tantos envelhecimentos quantos indivíduos! Afora isso, ao envelhecimento biológico deve-se acrescentar uma dimensão psicológica e social. Pode-se, no entanto, descrever os efeitos do envelhecimento fundamental, e o nosso denominador comum é o seguinte: uma diminuição MUITO LENTA dos desempenhos físicos e mentais, um enfraquecimento progressivo da capacidade visual e auditiva, e uma redução da capacidade de "absorver" os choques. Neste ponto, nós regredimos. Este envelhecimento biológico revela-se cada vez mais tardiamente, depois que a higiene, a alimentação e a medicina passaram a controlar cada vez mais a aparição das doenças que se entrecruzam. Cada indivíduo imprime a sua marca nesse fundo comum, marca do patrimônio genético e, como se diz habitualmente, marca da vida. Existem ainda algumas fontes de diferenças: o sexo, a categoria socioprofissional, a condição matrimonial, o lugar em que se vive, a data de nascimento... Os anos lhe serão então mais leves ou mais pesados dependendo do fato de você ser homem ou mulher; intelectual ou operário; casado ou celibatário! Mas, no fim das contas, os anos se aliviam de geração em geração!

As mulheres são mais fortes!

Em todas as culturas existe uma diferença de expectativa de vida e de duração da média de vida de quase 10% entre as mulheres e os homens, com vantagem para as primeiras. Trata-se de uma desigualdade (é garantido, as cifras não são iguais) e até mesmo de uma injustiça. Mas para quem? Para os que morrem primeiro, desfalcados de muitos anos de existência? Ou para os que ficam, penando a solidão dos anos ganhos?

A mulheres européias sobrevivem em média seis anos a mais do que os seus contemporâneos masculinos. E é na França que a diferença se faz maior: oito anos! Campeãs da Europa, as francesas também eram campeãs do mundo até há pouco tempo, mas já foram ultrapassadas pelas japonesas. Na média dos países ocidentais, os homens franceses não perdem para ninguém.

Quando se descobriu que a expectativa de vida estava crescendo vertiginosamente, chegou-se a pensar que os homens ultrapassariam as mulheres ou que elas se deixariam ultrapassar. Afinal, elas mudaram seu modo de vida, elas trabalham, bebem, fumam, estão sujeitas ao estresse... Por volta dos anos 1970, esperávamos que essa diferença caísse rapidamente; nos anos 1980, seguimos na mesma espera, e continuamos esperando, já passados os anos 1990! E não somente a diferença não se reduziu, segundo alguns demógrafos, como também se aprofundou, em decorrência de um recuo da mortalidade mais rápido ainda para as mulheres do que para os homens.

Alguns misóginos supõem que os efeitos do álcool e do tabaco demoram muito para aparecer e que serão ainda necessários alguns decênios para que se registrem as conseqüências dessas lentas intoxicações. Outros, porém, entendem a longevidade feminina como resultante de uma freqüência mais regular nos consultórios médicos, centros por excelência de prevenção, ditada (no mínimo) pela contracepção e pela maternidade. Pois quando o homem francês, também um pouco latino, aceita se despir e se deixar examinar por um médico, é sinal de que ele deve estar realmente padecendo de algum martírio ou foi obrigado pela sua mulher! Assim, ele não tira proveito, ou tira quando já é muito tarde, das possibilidades que o sistema de saúde do seu país lhe oferece. Enfim, seja porque já estão preocupadas e conscientes de um risco idêntico ao dos homens ou por qualquer outro motivo, o fato é que as mulheres resistem melhor que eles. Trata-se de uma proteção conferida pelos cromossomos sexuais femininos? O macho é mais frágil. Existe uma maior mortalidade masculina em todas as faixas etárias. Se no primeiro dia de janeiro de um determinado ano é registrado um mesmo número de qüinquagenários entre homens e mulheres, restarão no dia 31 de dezembro deste mesmo ano mais mulheres que homens. O mesmo ocorre aos 20 anos, aos 70 anos ou no decorrer dos anos mais "seguros" da existência, a faixa dos dez anos aos 11 anos de idade, que é a época em que menos se morre. O bom senso atribuiria esta diferença à desconformidade que existe entre os comportamentos masculino e feminino. Tradicionalmente caçador e guerreiro, o homem corre mais riscos que a mulher, que por sua vez cria e protege os filhos. Pode-se, então, dizer que o menino é mais audacioso. Já que é ele que sobe na cerejeira, enquanto a menina enche o seu cesto tranqüilamente ao pé da árvore. O mesmo acontece na idade adulta. Os adultos de ambos os sexos também agem assim, mas o estudo dos acidentes revela que os homens são mais atingidos que as mulheres. Mas o número elevado de mortalidade masculina que existe no curso da vida uterina pode ser atribuído apenas às diferenças comportamentais? Sabe-se que os fetos masculinos morrem antes mesmo de nascer, em um número muito maior que o dos fetos femininos. É difícil imaginar que o futuro menino teria uma vida fetal mais perigosa que a da futura menina! É um absurdo imaginar que ele possa se espernear mais a ponto de se enrolar no seu cordão umbilical!

Para alguns, a superioridade biológica da mulher seria uma conseqüência do harém primitivo! As primeiras sociedades humanas eram organizadas em haréns (um homem para várias mulheres). Este sistema teria favorecido a seleção de machos maiores e mais fortes para resistir aos rivais, e de mulheres vivendo mais tempo para aumentar as chances de transformar os seus genes, o que não era garantido por causa da concorrência das outras "esposas" e das taxas de mortalidade em vigor. No período neolítico, esta vantagem em termos de longevidade se completava com uma vantagem em termos de resistência. Precisava-se de guerreiros resistentes para defender a terra e as tropas. E com isso os homens eram beneficiados por uma prioridade alimentar, enquanto as mulheres adaptavam-se à subnutrição crônica, um elemento de fragilização que era compensado por uma melhora das suas resistências imunológicas. Na história da humanidade, somente mais tarde (muito mais tarde), quando as condições de vida das mulheres se equipararam as dos homens, é que a superioridade biológica — duramente adquirida — das mulheres se revela! Uma superioridade que será responsável pela metade (em torno de quatro anos) do avanço das mulheres em termos de longevidade.

O HOMEM NÃO É UMA MULHER COMO AS OUTRAS!

E isto ao contrário do título de um filme recente! Em termos de longevidade, as diferenças entre homens e mulheres não se limitam ao aspecto quantitativo e, portanto, desprezível das coisas: 10% de vida a mais para as mulheres! De fato, se a mulher supera o homem na quantidade de anos vividos, ela é, no entanto, menos triunfante quando comparada pela qualidade de sua vida na velhice. Eis que se restabelece alguma forma de justiça! A menos que as ferramentas de avaliação da qualidade de vida estejam mal adaptadas para apreciar as sutilezas da psicologia feminina!

Os centenários ilustram perfeitamente a dupla diferença qualitativa e quantitativa entre velhos e "velhas". A supra-representação feminina (contam-se sete mulheres centenárias para um homem) testemunha claramente a sua vantagem quantitativa. Entre os países europeus, é na França que a diferença se faz maior, resultado dos estragos da Primeira Grande Guerra (1914-1918) que penalizou duramente o sexo masculino. Um número expressivo de candidatos à vida centenária morreu nos campos de batalha. Por outro lado, comparando-se estilos de vida, capacidades físicas e mentais e desempenhos de homens e mulheres centenários, observa-se uma superioridade masculina. Pelo fato de serem menos numerosos, os centenários masculinos estão em melhor forma que as suas homólogas femininas. E podem ser dadas diversas explicações a esta superioridade qualitativa dos homens.

Primeiro, em razão dos testes que avaliam muito mais os resultados da educação do que as aptidões intrínsecas do indivíduo. São numerosas as questões de tipo escolar e as provas de cálculo que favorecem as pessoas que passaram muito tempo na escola. E a fraca escolarização das meninas daquela época, hoje centenárias, é bem conhecida. Se os questionários comportassem provas sobre a vida cotidiana como costura, bordado, tricô, cuidados com os filhos, cozinha etc., os resultados seriam sem dúvida inversos! E ninguém teria a idéia de interpretá-los no sentido de uma inferioridade masculina. Tudo não passaria de uma divisão de competências!

Além disso, precariedade e solidão não afetam os dois sexos da mesma maneira. Por viverem mais tempo, as mulheres ficam particularmente expostas. No momento em que os homens percebem que já podem se aposentar, a maioria geralmente desfruta os anos de aposentadoria com o acompanhamento das esposas, ao passo que as mulheres mais idosas quase sempre passam pela experiência da viuvez e da solidão traumatizante, acrescida de uma diminuição substancial dos seus desejos. Pode-se imaginar as repercussões que estes fatos produzem na vida das mulheres idosas...

Enfim, no que diz respeito ao desempenho físico, a superioridade masculina não espera a velhice para manifestar-se, mesmo com os dois sexos bem-treinados e exercitados! E esta superioridade ocorre a ponto de tornar-se excepcional nas competições esportivas mistas (com exceção, talvez, da equitação). É surpreendente observar que esta diferença inverte-se com a idade!

Melhor ser rico, inteligente e saudável...

Pois para isso o sexo não conta! As diferentes categorias socioprofissionais também apresentam diferenças em relação à expectativa de vida, que alcança na França a diferença de oito anos entre os dois extremos da escala de êxito: professores ou pessoas de nível superior, de um lado, e operários, do outro. Quanto aos desempregados, eles apresentariam um envelhecimento prematuro, de cerca de três anos, em relação aos ativos. A categoria sócio-profissional é, portanto, um fator que fortalece a qualidade do envelhecimento. Talvez porque, sozinha, esta dimensão condiciona um vasto número de comportamentos. O grau de instrução propicia profissões menos penosas e remunerações mais confortáveis, que facilitam o acesso aos bens; a educação estimula o interesse pela prevenção e a preservação do estímulo intelectual ao longo da vida é a melhor garantia para um bom envelhecimento cerebral... Conclui-se que a qualidade do envelhecimento nas idades mais avançadas testemunha uma vantagem do potencial genético sobre as condições socioeconômicas.

...casado(a)

Haveria também uma taxa maior de mortalidade entre os solteiros e os viúvos do que entre os casais: virtudes da vida conjugal ou méritos dos cuidados recíprocos? São os homens que mais se beneficiam da vida a dois. As mulheres, mesmo sozinhas, se safam muito mais!

...urbano(a)

Enfim, para uma "sobrevida", seria preferível morar na cidade do que no campo: os estímulos permanentes e a variedade médica e hospitalar urbana compensariam os estragos da poluição?

...e jovem!!!

Uma última fonte de desigualdade, não menos importante, é a data de nascimento. O melhor é ter nascido o mais tarde possível! Os sexagenários de hoje têm decênios de vantagem sobre os seus predecessores, não só porque ficaram mais tempo na escola, mas também porque se beneficiaram de uma alimentação mais rica e balanceada e dos progressos realizados pela higiene e pela medicina. Os seus predecessores não se comparam com eles, nem no estado psicológico nem na expectativa de vida. Em um século, os franceses ganharam 30 anos em expectativa de vida, um trimestre a mais em cada ano. Entre uma criança de quatro anos de idade e a sua irmãzinha que ainda está por nascer, a caçula tem uma expectativa de vida maior!

O envelhecimento deve ser escrito com um grande "S" no final! Pois todo envelhecimento individual, em si mesmo plural, resulta de três "envelhecimentos" distintos: o envelhecimento biológico, o envelhecimento psicológico e o envelhecimento "social".

O envelhecimento psicológico

O indivíduo envelhece. Mas e a sua psicologia? Os traços de personalidade pouco evoluem no decorrer dos anos. Um "jovem" emotivo, generoso e original não corre o risco de se transformar num velho impassível, mesquinho e conformista! Envelhecer não significa desenvolver comportamentos estereotipados. A ocorrência de tais comportamentos não reflete a idade e sim a geração à qual o indivíduo pertence. Os hábitos são comparáveis porque são produtos de experiências similares.

A velhice, no entanto, possui traços psicológicos que lhe são próprios: envelhecer é mudar. O que não quer dizer renunciar, mas aceitar e adaptar-se. Aceitar aquilo que se é, aquilo que se faz, aquilo que se vai ser. E aceitar, por fim, a morte. Se o termo "envelhecimento" não tivesse a conotação negativa (perda, diminuição, afrouxamento) que ainda lhe conferem a sua dimensão biológica e a visão da sociedade, poder-se-ia falar de um envelhecimento psicológico. Mas, para evidenciar a grandeza dessa evolução que só a idade autoriza, seria melhor utilizar as palavras desenvolvimento e maturidade. Aquilo que se desenvolve com a idade, afora os inconvenientes que todos conhecem, é a identidade da pessoa, sua singularidade, sua capacidade de se conhecer e de estar em harmonia consigo mesmo e com os outros. Esta evolução se completa no decorrer do percurso pessoal e vai até os últimos momentos, ocasião em que a reflexão pode enriquecer-se com a experiência da imobilidade e do retiro social. No plano psicológico, o tempo da velhice é seguramente indispensável à completude humana. É o tempo de colocar em ordem as experiências vividas, os sucessos e os reveses, a fim de melhor aceitá-los. É o tempo de afirmação da identidade própria e do desnudamento das identificações "sociais". É o tempo para melhor entender a morte, tanto a de si mesmo como a dos outros. É, enfim, o tempo no qual se encontra um sentido para a existência pessoal e para o seu desaparecimento. O envelhecimento pode, portanto, ser uma experiência privilegiada graças a sua dimensão psicológica, sem a qual a vida arriscaria a ficar inacabada...

O QUE PENSA TIA DANIELLE

Ainda que Tsilla Chelton tenha representado 13 peças de Ionesco e diversos outros papéis, foi só tardiamente, aos 72 de idade, que ela conheceu a celebridade. Isso se deu graças a sua interpretação de tia Danielle, no filme de Étienne Chatiliez que recebeu o mesmo nome. A França inteira adotou o seu personagem de velhinha rabugenta e egocêntrica que no final revela-se afetuosa e prestativa.

Tsilla Chelton completou há pouco tempo os seus 80 anos. Nessa ocasião, a revista *La Nouvelle République* publicou uma entrevista que ela concedeu a Danielle Attali: *Aos 80 anos, Tsilla Chelton nos faz invejar o envelhecimento. Deslumbrante, bela e dona de um dinamismo insolente, ela nos recebe no seu apartamento parisiense. Elegante e charmosa, com seu rosto luminoso e sorridente, ela chega até a se gabar da velhice, que aos seus olhos é uma dádiva:* "Porque estou plena de saúde. Desconheço quando virá o naufrágio. Não penso na morte. Não me angustio. Fui uma criança filosófica e já pensei demais." *O que significa ser feliz?* "Contanto que eu não sofra, para mim felicidade é saber acomodar-se ao tempo. As outras coisas, mesmo que se precise delas, jamais lhe trazem felicidade. Ela vem de dentro de você mesma. Hoje em dia tenho uma liberdade que nunca tive. A vida é bela." Tsilla Chelton atua há mais de um ano na peça *Mal de mãe*, de Pierre-Olivier Scotto, no teatro do Palais-Royal.

A velhice é um naufrágio! Jamais uma frase causou tanto estrago! No entanto talvez essa tirada lapidar (que Simone de Beauvoir atribui a Chateaubriand), escrita pelo general De

Gaulle a respeito do marechal Pétain, tenha fustigado muito mais o papel representado por esse personagem durante a Segunda Guerra Mundial do que a sua idade propriamente dita. A velhice não é um naufrágio simplesmente porque ela é uma dádiva da felicidade, uma espécie de felicidade intrínseca, serena. A propósito, o professor Jean Bernard, 92 anos, tem falado da importância que as coisas assumem, da perspectiva mais profunda, do panorama que se abre ao olhar (e à memória), e do distanciamento que se pode estabelecer com a cena; sem dúvida, um campo de profundidade inigualável...

O envelhecimento social: da influência do imaginário coletivo sobre o envelhecimento individual!

Por fim, a velhice é sobretudo definida pela ótica da sociedade. Antes do número de anos vividos ou do estado fisiológico, é a utilidade — ou inutilidade — social que se leva em conta, utilidade fundada sobre os habituais estereótipos socioculturais: nível profissional, grupo social, recursos... Aos olhos da sociedade, os pobres e os aposentados já são velhos, ao passo que os ricos e ativos com idade igual ainda são jovens. Embora obedecendo às mesmas influências (as do nível econômico e social), o envelhecimento social e o envelhecimento biológico não evoluem com a mesma velocidade: o primeiro é acelerado, o segundo é mais lento. A sociedade precipita cada vez mais cedo na velhice — e, portanto, na inutilidade pública — o "biologicamente sempre mais jovem" que ela retira do mundo do trabalho. E isso não seria mais do que uma "velhice virtual", sem o temível fenômeno da causalidade circular. Pois é bastante conhecido o fato de que o homem adapta o seu comportamento à imagem que os outros fazem dele. Socialmente apreendido como velho e inútil, ele terá que transformar seus desejos (expressos ou tácitos) e suas possibilidades. É a velha história do ovo e da galinha, que traz como resultado a exclusão social dos idosos. Quem, no seio da sociedade ou das pessoas idosas, romperá esse círculo vicioso que causa sofrimento aos dois lados? Vamos torcer para que os idosos tomem as rédeas do seu ainda longo destino!

Não existe então um único envelhecimento, mas vários envelhecimentos, o do olho, o do fígado, o de Pedro, o de Paulo, o de Maria, o do septuagenário, o do octogenário, o do professor, o do operário, o que "debutou" em 1900 ou em 1950, vivendo na Europa ou na China, o seu e o dos outros! Enfim, existe um tipo de envelhecimento ótimo, ilustrado pelos centenários autônomos e saudáveis, e o envelhecimento "médio", associado a um certo risco de deteriorações físicas ou intelectuais. O desafio atual é dar a um grande número de pessoas e a nós mesmos a possibilidade de viver um envelhecimento ótimo. Assim, apesar de não se ter o poder de escolher os próprios genes e a data de nascimento, se terá compreendido que o meio mais eficaz é a prevenção do surgimento de doenças, os principais inimigos.

QUAL É A FINALIDADE DA LONGEVIDADE?

Com direito ao envelhecimento, a natureza harmoniza o distanciamento que temos com a nossa missão fundamental: a reprodução, que assegura a substituição dos indivíduos e, portanto, a perenidade da espécie. Os salmões não têm esta chance de envelhecimento e morrem "rapidamente", logo após terem assegurado a sua descendência. Mas nem assim conseguimos entrar em acordo com a eternidade! A reparação dos erros de percurso é negligenciada pelos sistemas de manutenção, o que só não acontece quando a energia exigida por essa reparação é utilizada para outros fins. O indivíduo fica à mercê dos remanejamentos aleatórios do seu genoma — com suas respectivas conseqüências — e da toxidade do seu ambiente. Malgrado isso, a sobrevida pós-reprodutiva é particularmente longa para a espécie humana. Programação genética indulgente? Ou ação do homem sobre o seu meio com a finalidade de favorecer a sua sobrevida?

Caso se buscasse uma finalidade para a primeira hipótese, não seria possível imaginar a longevidade sendo "tolerada" por nossa espécie, porque, longe de ser desfavorável à reprodução dos mais jovens, ela lhe seria, ao contrário, favorável! Depois de tudo, os cuidados com que a espécie humana cerca a sua descendência não se interrompem nem com uma nova maternidade nem com a velhice. Seriam eles, se não indispensáveis, ao menos úteis para o sucesso reprodutivo das gerações que se seguem? Os teóricos da evolução formularam a "hipótese da grande mãe" para justificar o aparecimento da menopausa e a sobrevida das mulheres após esse período (a menopausa é uma exceção no mundo animal). Com a idade, diminui a probabilidade de colocar no mundo uma descendência viável, visto que os riscos aumentam para a mãe. Nessas condições, parece que para os nossos ancestrais esclarecidos era preferível renunciar à transmissão direta de 50% dos seus genes em troca de um investimento na proteção direta dos 25% portados pelos filhos dos seus filhos, ou seja, dos seus netos. E quando a longevidade feminina ultrapassava o limiar dos 50 anos, se a função ovariana fosse interrompida, a perenidade da espécie era mais atendida pela grande abnegação maternal das mulheres do que pelo prolongamento de sua fertilidade.

Quanto à segunda hipótese, a da assistência ao ambiente, ela não faz mais do que demonstrar o momento em que as manipulações humanas ultrapassam as do seu meio para referir-se mais rapidamente aos seus próprios genes! Será que chegará o dia em que a natureza, por mais generosa que seja, recusará a imortalidade?

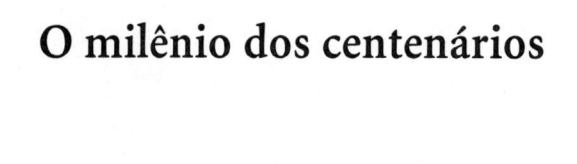

O milênio dos centenários

Em 1950, havia 200 centenários na França; em 1970, mil; em 1990, três mil; no ano 2000 estimam-se dez mil, e no de 2050, 150 mil. Nos Estados Unidos, no início dos anos 1990, os centenários eram 35 mil, e serão um milhão e 800 mil no ano 2080. Em breve (se assim podemos dizer), o número deles dobrará, grosso modo, a cada dez anos. O terceiro milênio será então o milênio dos centenários. No entanto são poucos os que tomam consciência da longevidade "obrigatória" que nos aguarda! O fato de ser ou de se tornar centenário não é nada novo. Esta possibilidade, embora excepcional, existe há muito tempo. A Bíblia mesma relata a existência de patriarcas pré-diluvianos "multicentenários", cujo mais célebre é Matusalém (969 anos). Após o dilúvio, e para punir o homem de seus erros, os anos passaram a lhe ser concedidos com mais parcimônia: 100 anos e não (muito) mais! Diversas passagens da Bíblia evocam "a idade do homem", mas esta profecia — Isaías 65:20 — está prestes a se cumprir:

> *Lá não haverá mais bebês vivendo poucos dias*
> *Nem velhos que não cumpram o seu tempo*
> *Morrer aos 100 anos será morrer jovem*
> *E não chegar aos 100 anos será sinal de maldição.*

Mais próximo da nossa época, podemos também encontrar centenários célebres: Chevreul (1786-1889), um químico genial que trabalhou cerca de 70 anos no Museu de História Natural e permaneceu ativo até a sua morte; Alexandra David-Neel (1868-1969), exploradora e primeira européia a entrar em Lhasa, capital do Tibete, que por muito tempo foi proibida para as mulheres (as estrangeiras); Antoine Pinay (1891-1994), o mais popular dos ministros das Finanças no período pós-guerra. Ao lado desses centenários ilustres, existe ainda uma "multidão" de anônimos que também fazem parte desse tipo de celebridade. No início do século era moda imprimir cartões-postais que retratavam os centenários!

Se o fato de tornar-se centenário não tem um significado biológico particular, não se pode por isso deixar de admitir que esse evento psicológico e social não seja marcante. As referências que marcavam as etapas da vida no passado desapareceram. Em todas as culturas antigas havia barreiras entre os grupos etários, muitas vezes simbolizados por vestimentas diferentes e por um conjunto de determinados deveres e privilégios. Para passar de um grupo a outro, existiam ritos de iniciação ou transição celebrados socialmente, os mesmos ritos culturais exóticos que os etnólogos tanto amam. Em sua grande maioria, esses ritos desapareceram. Mas a passagem pelos 100 anos de idade ficou como um dos raros eventos marcados e marcantes. E assim os centenários, essas testemunhas maiores do passado que tutelam os limites do homem no presente, passam a ser objeto de uma crescente curiosidade. A França foi o primeiro país a debruçar-se metodicamente sobre os seus centenários: um importante estudo epidemiológico foi conduzido pela Fundação IPSEN com o objetivo de esclarecer um pouco mais o que os caracteriza. Os 150 mil futuros centenários de 2050 têm hoje 50 anos! É impossível determinar com precisão quais serão os felizardos (ou azarados, conforme a visão de cada um!); mas, se nos reportarmos aos resultados dessa pesquisa, veremos que o perfil psicológico dos centenários destaca-se do resto da população. Alguns talvez até se reconheçam na descrição que virá a seguir! Os centenários são pessoas mais voltadas para o futuro do que para o passado. Para eles, é melhor ser o velho de amanhã do que o de ontem! O temperamento deles é divertido, otimista e autoritário. Eles têm convicções firmes e uma concepção do mundo bem estruturada. Apreciam a boa comida e o vinho, ainda que com moderação. Trabalham ao longo de toda a vida e se interessam por tudo, mas sem paixão; exercem uma grande influência sobre o ambiente em que vivem e entendem como ninguém os seus filhos mais do que sexagenários! Enfim, esses centenários têm poucas dúvidas sobre o seu estado de saúde. Estimando-se que nunca tenham ficado doentes, fazem muito bem em não ficar pensando em doenças. E, depois dessa descrição, quem se habilita a festejar alguns aniversários de três dígitos?

CALCULE O SEU TIAL

Há um meio simples de prognosticar a longevidade do indivíduo. Ele foi criado, em 1934, por um casal americano, Raymond Pearl e Ruth Dewitt Pearl, que o inseriu num livro intitulado *Human Biology*. O nome que eles deram ao método foi *Total Immediate Ancestral Longevity* (Soma da longevidade dos ascendentes próximos), também conhecido pela sigla TIAL. Ele é calculado através da soma das idades de falecimento dos seis ascendentes próximos da pessoa em questão, a saber, pai, mãe, avós maternos e avós paternos.

TIAL = idade do falecimento do pai + idade do falecimento da mãe + idade do falecimento da avó materna + idade do falecimento do avô materno + idade do falecimento da avó paterna + idade do falecimento do avô paterno.

O TIAL seria um atributo fixo de cada indivíduo que permite diferenciá-lo e classificá-lo, da mesma forma que se costuma fazer com outras características como, por exemplo, a altura. Ou seja, da mesma maneira que se pode dizer que uma pessoa mede 1,76m de altura, pode-se também dizer que ela tem um TIAL de 468 anos. No interior de cada família, todas as irmãs e irmãos possuem o mesmo TIAL. Mas, atenção, para calculá-lo deve-se aguardar o falecimento de todos os ascendentes diretos, o que exige muito tempo. E, mesmo que os pais já tenham morrido, o fato de ainda haver avós vivos é um bom sinal! O TIAL máximo é de 720 anos (tomando-se uma duração máxima de 120 anos para os seis ascendentes), mas os autores americanos fixaram o máximo em 600 anos, considerando 100 anos como um limite ideal (estava-se em 1934). Todavia, o TIAL não pode ficar abaixo da cifra dos 90 anos, o que corresponde ao falecimento de cada um dos seis ascendentes na idade de 15 anos, idade imprópria para a paternidade e... para a morte.

O TIAL dos nonagenários e dos centenários é, em média, mais elevado que o das pessoas falecidas precocemente. O TIAL da senhora Jeanne Calment era de 477 anos contra os 289 anos da maioria dos seus contemporâneos.

Não se desespere, no entanto, se o seu TIAL não for bom! Lembre-se de que o que é estatisticamente verdadeiro, estabelecido sobre um grande número de casos, sempre está sujeito a exceções!

A novidade não consiste na existência de centenários e sim no número crescente deles. E se as condições sanitárias e econômicas continuarem a melhorar (pelo menos é o que se espera), o tornar-se centenário deixará de ser extraordinário para virar norma. Algumas pessoas predizem epidemias de encefalopatia espongiforme (o mal da vaca louca), de vírus Ebola, de AIDS ou de outras "pestes" modernas ainda desconhecidas, para reverter nossa tendência à longevidade e eliminar os futuros centenários. A experiência da gripe espanhola, no início do século passado, mostrou que algumas doenças podem ceifar milhões de vidas humanas (30 milhões de pessoas morreram com esta gripe, em 1918, uma cifra muito superior ao número de vítimas da Primeira Grande Guerra). A despeito deste risco, torna-se perfeitamente verossímil a idéia de que no futuro uma vida inferior aos 100 anos será considerada curta!

AFINAL, O QUE OS DEMÓGRAFOS FAZEM?

Eles levantam, a cada ano, o número de nascimentos e falecimentos, separando-os por sexo e, no que concerne aos falecimentos, por idade. Morto ou vivo é a alternativa mais categórica que existe! Os riscos de erro são mínimos, quando os registros do estado civil são de boa qualidade! Depois de ter contado os mortos e os vivos, a dificuldade consiste em deduzir o número de indicadores que possam esclarecer o passado e o futuro das populações estudadas: curva de sobrevida, pirâmide etária, expectativa de vida, duração média da vida, transição demográfica, envelhecimento das populações...

UMA SOBREVIDA "AO QUADRADO"

A curva de sobrevida é um dos modos mais explícitos de representação. Ela materializa para um determinado ano, 1998, por exemplo, a porcentagem de pessoas ainda vivas no seio do grupo, o que é estabelecido por idades que vão de zero aos cento e poucos anos. Para realizá-la, coloca-se sobre o eixo horizontal as idades dos diferentes grupos anuais e, sobre o eixo vertical, a porcentagem dos sobreviventes em 1998.

Partir-se-á então de um valor próximo de 100% de sobreviventes, em 1998, entre os bebês nascidos neste ano, para atingir a outra extremidade da curva, 0%, quando se terá atingido o último representante do grupo de idade mais elevada. A curva parte do vértice do eixo vertical e desce, seguindo trajetos variáveis, até o eixo horizontal. A extensão da descida materializa o índice de longevidade (em 1998) e as inflexões da curva traduzem as flutuações da mortalidade em função da idade.

Ao longo dos séculos, as curvas (Figura 1) foram globalmente sobrepostas. Elas mostram uma queda inicial importante,

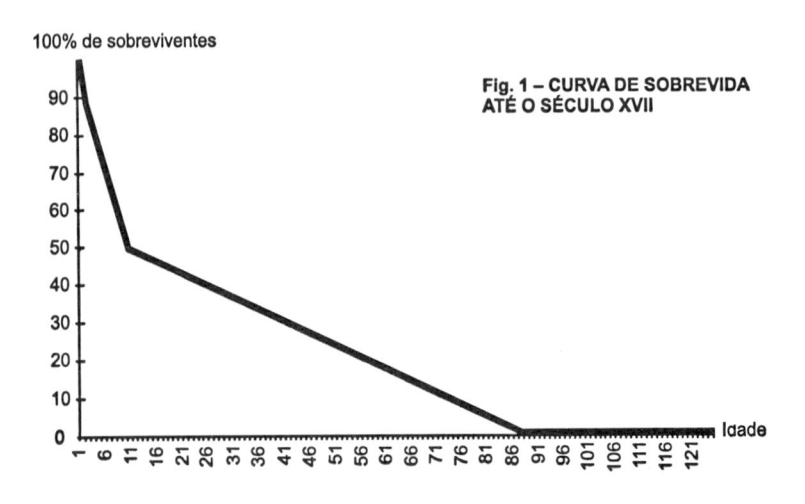

Fig. 1 – CURVA DE SOBREVIDA ATÉ O SÉCULO XVII

testemunho de uma mortalidade infantil na ordem de 50% aos dez anos, seguida por uma queda regular até a "extinção", sendo que o risco de morrer após os dez anos é mais ou menos igual em todas as idades.

Após dois séculos, as subversões são maiores. Um patamar linear é intercalado entre as quedas inicial (mortalidade infantil) e final (mortalidade de velhos em idades avançadas). Uma vez ultrapassado o cabo dos primeiros anos, período de elevado risco de falecimentos, a probabilidade de morrer enfraquece, fortalecendo-se de novo no patamar da idade avançada. Os falecimentos concentram-se então no início e no fim da vida (Figura 2).

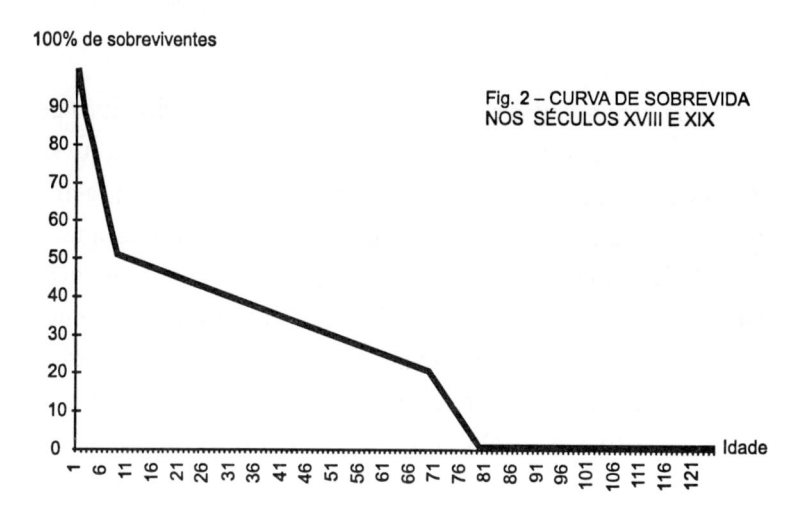

Fig. 2 – CURVA DE SOBREVIDA NOS SÉCULOS XVIII E XIX

Em seguida, com a queda da mortalidade infantil, o traçado da linha acusou apenas uma queda inicial antes de se manter, graças ao recuo da mortalidade, um patamar cada vez mais horizontal e longo. A descida é final e... brusca! Os falecimentos concentram-se no fim da vida (Figura 3).

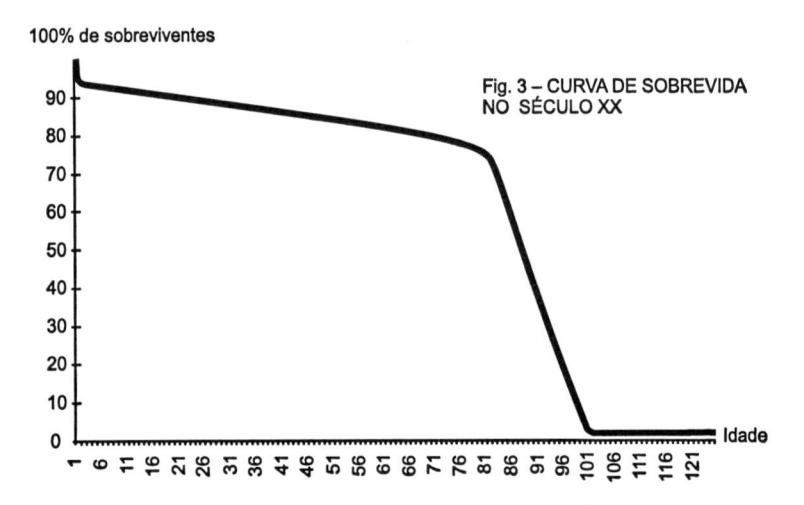

Fig. 3 – CURVA DE SOBREVIDA NO SÉCULO XX

Uma percentagem cada vez mais crescente de indivíduos de uma mesma geração atinge então uma idade elevada. E a curva da sobrevida descreve, emoldurada pelos seus eixos, um retângulo. Eis aí a origem de uma expressão célebre: a retangularização da curva da sobrevida. As diferenças consideráveis entre os países ricos e os países pobres desfazem-se progressivamente. No mundo inteiro, a mortalidade antes dos 50 anos se reduzirá à metade no curso dos próximos 30 anos, passando de 21 milhões de pessoas, em 1998, para aproximadamente dez milhões, em 2025.

A LONGEVIDADE MÁXIMA

Considerou-se por muito tempo que o ponto último da curva da sobrevida — a chegada ao 0% de sobreviventes — era quase fixa, distante "cerca de" 100 anos do ponto de partida e correspondendo à longevidade potencial máxima da espécie.

A longevidade máxima dos mamíferos tem sido calculada com uma equação que observa a relação do peso entre o cérebro e o corpo. Inicialmente utilizado e verificado nas espécies vivas, depois este método de cálculo também foi aplicado aos fósseis. Chegou-se então à conclusão de que há 65 milhões de anos o ancestral comum dos primatas tinha uma longevidade potencial de dez anos. A notícia é de grande importância, quando se sabe que a longevidade máxima dos seus descendentes é ainda mais elevada: 15 anos para o sagüi, 30 anos para o babuíno, 40 anos para o gorila e 50 anos para o chimpanzé. A longevidade máxima dos primatas foi, portanto, aumentando no decorrer dos milênios e da evolução. Entre os primatas, a longevidade dos hominídeos foi a mais rápida. A longevidade máxima do nosso ancestral *Australopithecus africanus* é estimada em 50 anos, a do *Homo erectus*, em torno de 72 anos, ao passo que a do *Homo sapiens* moderno beira os 95 anos, isso tudo sempre de acordo com a célebre e já referida equação. Qual será então a longevidade máxima dos nossos descendentes, próximos ou distantes, se esse crescimento prosseguir?

A longevidade máxima também pode ser estimada de acordo com os recordes registrados e verificados! Neste caso, é importante uma verificação, porque o número de anos atribuídos ao supercentenário pode ser fruto do exagero. É bom frisar que os recordes de longevidade (cerca de 170 anos!) se deram com centenários dos Andes (Vilcabamba), do Himalaia (Hanza) e do Cáucaso, que não puderam ser validados por causa da falta de registro civil. O extremo rigor dessa validação limita a uma centena o número de pessoas que ultrapassaram formalmente os 110 anos, e os recordes autenticados são de 122 anos para as mulheres e de 117 anos para os homens.

Enfim, a longevidade máxima pode ser extrapolada da duração de vida das células em cultura ou ainda da evolução temporal de certas constâncias biológicas, que não são lá muito constantes!

Nenhum desses métodos é perfeito, de modo que o alarme das certezas ainda não soou. O postulado de uma longevidade máxima de 120 anos foi abalado por Jeanne Calment, falecida em 4 de agosto de 1997, aos 122 anos, cinco meses e 13 dias de idade. Não está, portanto, excluída a hipótese de que no futuro o nosso retângulo de sobrevida tenha o seu comprimento aumentado mais um pouco.

BEM QUE O MARQUÊS DISSE...

Marie, Jean, Antoine, Nicolas Caritat, o marquês de Condorcet, um dos enciclopedistas do século das Luzes, vislumbrou o que seria a longevidade para o homem, na sua obra *Esquisse d'un tableau historique de l'esprit humain*, cuja publicação póstuma (1795) causou grande impacto.

Sente-se que os progressos da medicina preventiva... devem ocasionar, em longo prazo, o desaparecimento das doenças transmissíveis ou contagiosas e das doenças gerais originadas do clima, dos alimentos e da natureza do trabalho... Deve-se também estender essa esperança a todas as outras doenças de cujas causas ainda não se tem um conhecimento verdadeiro. Seria então realmente um absurdo supor agora que esse aper-

feiçoamento da espécie humana deva ser visto como suscetível de estar em progresso indefinido, que chegará o dia em que a morte não passará de um efeito ou de acidentes extraordinários ou da destruição cada vez mais lenta das forças vitais, e que, enfim, a duração do intervalo médio entre o nascimento e essa destruição não seria, ela mesma, passível de um limite assinalável? Obviamente, o homem não se tornará imortal; mas o espaço entre o momento em que ele começa a viver e o momento em que se defronta, de maneira natural, sem doença e sem acidente, com a dificuldade de continuar existindo não poderia crescer sem cessar?

Clarividência genial, sobretudo quando pensamos que a predição foi feita numa época em que a expectativa média de vida era de 40 anos! Ironicamente, o cadafalso tirou prematuramente a vida desse grande visionário da longevidade.

UMA PIRÂMIDADE SOBE...

Todos nós conhecemos a expressão pirâmide das idades. Sabemos vagamente a que tipo de coisa ela corresponde, sobre que princípio geral ela repousa e o que evoca ou representa. Essa célebre pirâmide não é nada mais do que um triângulo, simplesmente porque a noção de pirâmide necessitaria de uma terceira dimensão que não existe na demografia. A pirâmide das idades ilustra, num determinado ponto, a repartição de uma população segundo o sexo e a idade dos seus representantes. Tradicionalmente, como na Igreja de antigamente, as mulheres são colocadas à direita e os homens à esquerda de uma ala mediana, arranjada a partir de uma base formada por bebês e de um cume ocupado pela população idosa.

Em 1996 o pico de nossa pirâmide estava fixado em 122 anos, graças à presença da senhora Calment, mas caiu para 113 anos, em 1997, em virtude do seu falecimento. Está claro que os estágios mais elevados da pirâmide são pouco habitados e mais estreitos, pois a largura de um determinado nível é estabelecida em função do número de pessoas nascidas no mesmo ano e, portanto, desfrutando a mesma idade à época em que os dados foram coletados, geralmente via recenseamento. É o que se costuma chamar de grupo, faixa etária ou, ainda, geração.

Numa pirâmide de forma ideal, as arestas são bem regulares, o que faz supor que cada nível seja inferior — de um valor constante — àquele sobre o qual ele repousa. É geométrico: para erigir uma pirâmide regular de 60 milhões de pessoas repartidas em 120 níveis (para esquematizar), seria necessário que se tivessem, ao final de 120 anos, as cifras anuais estáveis de um milhão de nascimentos e de 8.400 falecimentos, para que o triângulo ficasse perfeito.

Sem dúvida, a realidade é outra!

OS GOLPES DE CANIVETE NAS ARESTAS

Duas fendas profundas e grosseiramente assimétricas (homens e mulheres) entalham a pirâmide à altura das faixas etárias de 1914-1918 e 1939-1945. Elas refletem a insuficiência de nascimentos nessas épocas em que os casais estavam separados pela guerra ou não encontravam motivo para ter filhos, e não os falecimentos atribuídos aos combates, como se costuma pensar. As guerras também provocaram outros rombos: as crianças que nasceram nesses períodos conturbados acabaram não se sentindo seguras para gerar filhos, e ocorreu então uma insuficiência "bumerangue" de nascimentos ao longo de dois a três decênios após as guerras. Quanto às perdas militares, elas se traduzem por uma assimetria das arestas da direita e da esquerda da pirâmide, uma franca sub-representação masculina visível no topo da pirâmide, onde se encontram as gerações que na época da Grande Guerra (que na França fez um milhão e meio de vítimas) eram de jovens adultos.

UM BARRIGÃO

É o caso de dizer! Pois chega o momento em que os nascimentos entram em plena expansão, inchando os resultados e dilatando a pirâmide etária. É o período do *baby boom* dos anos 1946-1964, com os seus 20 milhões de bebês em menos de 25 anos! E esse inchaço, tal como um balão, provoca a elevação da pirâmide, que sem desinchar hoje traz para aqueles que estão na casa dos 50 as cadeiras marcadas de futuros "velhos".

UMA EROSÃO NA BASE

A nossa pirâmide etária sofre uma erosão na base como as falésias de Etretat, de modo que ano após ano nascem menos crianças do que no ano anterior. Na França, a fecundidade passou de 5,4 crianças por mulher na metade do século XVIII para 1,7 nos dias de hoje. Essa baixa da natalidade precedeu a difusão dos métodos contraceptivos que foram depois estimulados, e é interpretada como a adaptação das famílias ao desenvolvimento econômico e industrial, a queda da mortalidade infantil e o abandono da vida rural. A França ainda não está no patamar de certos países como Alemanha, Espanha, Grécia e Itália, lugares em que os nascimentos revelam a cifra de 1,3 criança por mulher. É curioso notar que são os países do sul da

Europa, tradicionalmente católicos, que registraram a mais importante queda de natalidade. Assim como também é bastante curioso observar como dois países — China e Itália — de cultura e nível de vida tão diferentes chegaram por vias quase opostas e com vontades divergentes a um mesmo resultado: 1,2 criança por mulher!

VERTICALIZAÇÃO

A pirâmide teria ainda um comportamento de fato piramidal se, a despeito de todas essas irregularidades, o número de falecimentos registrados em cada faixa etária fosse realmente um "valor seguro". Um pré-levantamento fixo operando-se sobre um número de sobreviventes diminuído em cada nível dá um declive regular, com uma probabilidade de morte que aumenta exponencialmente com a idade. Ou então... não se morre mais! Pelo menos durante esses anos! Em todas as classes, o número de sobreviventes permanece quase inalterado. Isso é o que se chama de queda da mortalidade e bem poderia ser chamado de subida vertiginosa — em número — na direção da grande velhice, ou mesmo de recuo da morte. Mas o certo é que, por mais tardia que seja a morte, ela é sempre inelutável!

CHAPÉU PONTUDO OU FORMA ALONGADA

Qual é o cume da pirâmide: chapéu pontudo ou forma alongada? Há dois cenários para o fim da história. Se, por serem retardados, os falecimentos se escalonarem por mais alguns anos ainda, o cume da pirâmide ficará pontudo. Mas também pode ser que os falecimentos ocorram em bloco, num lapso de tempo bem curto, quando as pessoas mais idosas atingirem os limites da longevidade humana. Eis aí uma espécie de retangularização do cume da pirâmide! A forma alongada para puxar sua reverência! (Figura 4)

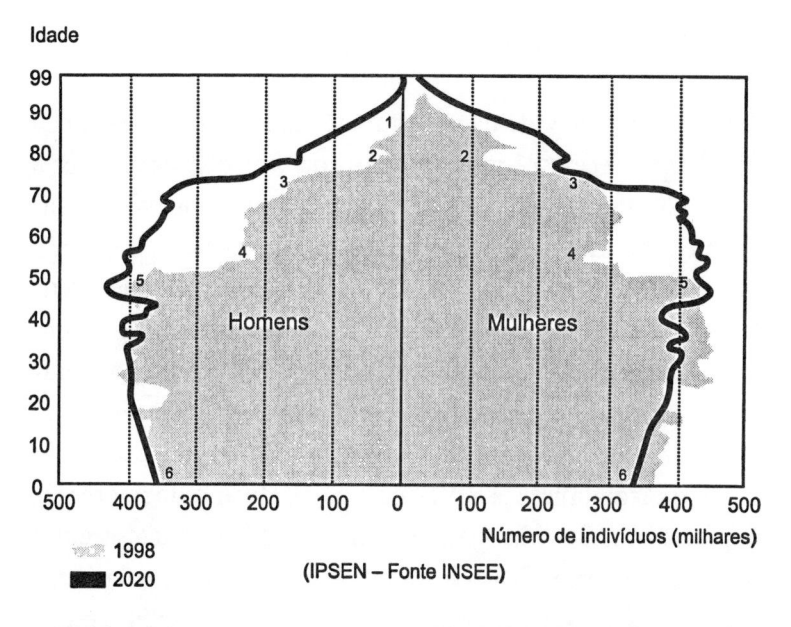

Idade

[Gráfico de pirâmide etária com eixo vertical de 0 a 99 anos, e eixo horizontal de 500 a 500 (milhares). Lado esquerdo: Homens. Lado direito: Mulheres. Pontos marcados: 1, 2, 3, 4, 5, 6.]

Número de indivíduos (milhares)

■ 1998
■ 2020   (IPSEN – Fonte INSEE)

1 – Perdas humanas em guerra
2 – *Déficit* dos nascimentos de 1914 a 1918
3 – Retomada da natalidade
4 – *Déficit* dos nascimentos de 1939 a 1945
5 – *Boom* dos bebês (1946-1964)
6 – Queda da natalidade

Fig. 4 – PIRÂMIDE ETÁRIA (POPULAÇÃO FRANCESA)

Qualquer que seja a forma do cume, as alturas das pirâmides saem da sombra para a luz. As pessoas idosas tornam-se visíveis, resultado do seu número crescente e também da sua notável vitalidade. Acaso ou presságio, a verdade é que justamente no momento em que a idade adquire o seu estatuto de nobreza, o obelisco da praça da Concórdia, em Paris, recupera o seu chapéu de origem, o mesmo que tivera há três mil anos, uma ponta de ouro que ilumina o topo e o conjunto: a piramidação. Seria isso um prenúncio do futuro das nossas sociedades? A pirâmide etária também testemunharia o seu cume de ouro a clarear o destino dos homens...

UMA EXPECTATIVA DE VIDA GALOPANTE!

A expectativa de vida não é a duração mediana da existência! Ela chega a ser otimista quando estima uma dezena de anos a mais! Portanto, os dois aspectos (expectativa e média de vida) evoluem no mesmo sentido, o do alongamento.

A expectativa de vida é um indicador estatístico que calcula, após a revelação das taxas de mortalidade anual, o número médio de anos que uma geração pode esperar viver (por geração entenda-se o conjunto de indivíduos que nasceram no mesmo ano). Para que a predição se confirme, será necessário que a mortalidade seja a mesma a partir do ano de referência e que os anos de vida sejam igualmente compartilhados entre todos os membros da geração estudada. Em outras palavras, a expectativa de vida para uma menina nascida em 1998 é o número médio de anos que o conjunto das meninas nascidas em 1998 poderia viver, caso as taxas de mortalidade feminina (por idade) levantadas em 1997 se aplicassem inalteradas ao longo da sua existência. Isso é pouco provável, porque as taxas de mortalidade evoluem muito rapidamente.

Jamais houve tamanha rapidez na história da humanidade. Durante muitos e muitos séculos a expectativa de vida ficou estagnada. Ela não ultrapassava os 25-30 anos. Não que isso signifique que fosse impossível envelhecer. Pois tivemos alguns velhos exemplares, centenários ou não. Mas a mortalidade (notadamente infantil) era de tal ordem que, seguindo o princípio da partilha entre todos os anos a viver, a expectativa de vida não ultrapassava a cifra dos 30 anos. Ocorre, porém, que no decorrer de dois séculos a expectativa de vida decola, bem menos para o Japão e os países em desenvolvimento. Em 1830, na Europa, ela ainda era de 38 anos para os homens e de 41 anos para as mulheres. Em 1997 os bebês tinham uma expectativa de vida de 74 anos para os meninos e de 82 anos para as meninas. Em 2050, pode-se esperar que os meninos venham a ser octogenários, e as meninas, nonagenárias. Uma outra característica da expectativa de vida é aumentar com a idade. Ou, melhor dizendo, quanto mais uma pessoa envelhece, mais se alonga a sua expectativa de vida: 84 anos para o sexagenário e 102 para o centenário!

No curto prazo, essa nova longevidade não se traduz como uma evolução genética da espécie (contrariamente às mudanças descritas com os primatas). Ela resulta da pressão do homem sobre o seu ambiente e dos progressos econômicos, sanitários e sociais que ocorreram. A quantidade e a qualidade da alimentação (aumento das safras agrícolas; melhoria dos transportes inter-regionais; controle, conservação e diversidade dos alimentos), os progressos sanitários (higiene, calefação "própria", água potável, sistema de esgotos) e a difusão da educação (a instrução das mães sempre está associada à diminuição da mortalidade infantil) têm causado um impacto quase idêntico ao dos antibióticos e das vacinas sobre a longevidade. Essa evolução tecnofisiológica da longevidade humana é por sua vez veloz e instável. Estritamente dependente do desenvolvimento econômico, a expectativa de vida aumenta seis meses toda vez que o produto interno bruto tem um aumento de seis mil francos por pessoa. Ocorre o *contrário* nos períodos de crise, quando a tendência à longevidade pode inverter-se. Isso aconteceu no declínio da expectativa de vida observado após 1987 nos países da ex-União Soviética, como conseqüência do seu desgaste econômico e das tensões entre as diferentes etnias. No curso dos últimos 20 anos, a expectativa de vida baixou para 300 milhões de pessoas em 16 países, notadamente africanos, onde a AIDS é responsável pela mortalidade infecciosa e parasitária "clássica".

Os — numerosos — anos ganhos no Ocidente deram-se graças ao recuo da mortalidade infantil e materna. No passado, uma entre duas crianças morria antes de completar dez anos, e só uma entre dez atingia os 65. Atualmente ocorre exatamente o inverso, pois são nove crianças entre dez que atingem esse patamar. A mortalidade infantil era endógena, ligada às deformações congênitas e aos riscos obstetrícios, e exógena, ligada aos riscos infecciosos e alimentares posteriores ao nascimento. Em um século, as taxas de mortalidade infantil passaram de 137 a cinco falecimentos entre mil nascidos, sobretudo devido à redução da mortalidade exógena. Hoje o risco é essencialmente endógeno — ligado a prematuridade — e tão tênue que as flutuações registradas não estão mais relacionadas com o desdobramento dos esforços e deixaram de testemunhar, como outrora, a evolução sanitária do país. O segundo período da existência que permite a progressão da expectativa de vida é a idade da procriação. Para cada filho carregado na barriga, a mulher corria um grande risco infeccioso e hemorrágico, uma situação que se repetia inúmeras vezes. As medidas simples de assepsia recomendadas desde a metade do último século (antes mesmo das descobertas de Pasteur e do reconhecimento dos germes) — lavar as mãos, utilizar água filtrada e lençóis limpos — fizeram diminuir consideravelmente a mortalidade perinatal da mulher e do filho. Hoje em dia o risco materno passou a ser quase nenhum e pouco provável (em média, menos de duas vezes!).

Hoje já não se corre tanto risco na tenra infância, nem durante o período de gravidez. Os homens, por sua vez, também ganharam alguns anos a mais de vida graças às melhorias ocorridas nas condições de trabalho. Todas as esperanças voltam-se então para o avanço da idade. A expectativa de vida estende-se até a sua outra extremidade, os anos de velhice ganhos sobre a morte. A redução da mortalidade registrada nas idades elevadas está principalmente associada ao recuo maciço das doenças cardiovasculares. Tais resultados testemunham, entre outros procedimentos, a surpreendente eficácia do tratamento da hipertensão arterial na prevenção das doenças neurovasculares e cardíacas. E também refletem uma melhoria no modo de vida (hábitos alimentares e exercícios físicos). Os progressos obtidos no tratamento do câncer (50% de sobrevida de cinco anos) e a profilaxia antiinfecciosa (vacina antigripal) foram igualmente responsáveis pelo recuo da mortalidade em pessoas idosas. Na França, o número de pessoas que ultrapassaram os 60 anos de idade mais do que dobrou no decorrer de um século, passando de quatro a dez milhões. No conjunto da população, a proporção dos sexagenários permaneceu estável; a dos que estão com 70-74 anos dobrou, a dos com 75-79 anos triplicou, a dos com 80-84 anos quadruplicou, e a dos com mais de 84 anos septuplicou. Os sexagenários têm hoje uma expectativa de vida de 19 anos a mais para os homens (duas vezes mais do que tinham há um século) e de 24 anos a mais para as mulheres. E ainda é possível ganhar uma dezena a mais de anos, pois os progressos obtidos fizeram com que as doenças cardiovasculares e o câncer restassem como as duas principais causas da mortalidade dos idosos. Intensificar a prevenção cardiovascular e as pesquisas do câncer é então prioridade máxima. Mas não podemos esquecer os tratamentos preventivos e curativos das doenças respiratórias, e as infecções e os tombos, que também são responsáveis por inúmeros falecimentos entre os idosos. Diferentemente da expectativa de vida, a duração da média de vida não é mais calculada sobre as taxas de mortalidade extrapoladas, mas sobre a mortalidade real de todas as gerações representadas no momento da estimativa. Dado um determinado ano, a duração da média de vida é calculada de acordo com a idade revelada nos falecimentos registrados nesse mesmo ano. A evolução desse indicador ao longo de diversos decênios traduz de maneira fiel o envelhecimento de uma população em particular. Assim, na França, em 1994, a média de vida para os homens era de 66 anos e para as mulheres, de 73. A expectativa de vida para os bebês nascidos nesse mesmo ano era, respectivamente, de 74 e 82 anos. Um salto de oito anos entre o presente e as perspectivas de futuro! O salto entre a duração de vida e a expectativa de vida é bem maior do que o recuo da mortalidade, um fenômeno recente que evolui com rapidez. Depois disso, os progressos passaram a ser mais lentos e a duração efetiva de vida acabou alcançando as "expectativas".

Kerala: o lugar da longevidade

Na Índia, na extremidade sudoeste da península, existe um pequeno distrito muito pouco conhecido chamado Kerala. Ele tem a forma de uma longa faixa costeira que se estende por 600 quilômetros de norte a sul, com uma capital cujo nome também é bastante curioso: Trivandrum. Já faz mais ou menos 20 anos que os demógrafos das grandes organizações internacionais têm se surpreendido com os dados que essa região apresenta. A princípio, pensando tratar-se de um erro, essas organizações enviaram missões para controlar as cifras. E elas foram confirmadas! As atuações de Kerala em termos de longevidade são excepcionais. A expectativa de vida no país ultrapassa a expectativa de todos os países em vias de desenvolvimento e aproxima-se da média alcançada no Ocidente. Além disso, como nos países desenvolvidos, o número de filhos por mulher é ligeiramente inferior a dois.

Poder-se-ia pensar que esse estado, um dos 22 da união indiana, é um pouco mais rico do que os outros. Acontece que não é. Pelo contrário, ele é um dos mais pobres em termos de produto interno bruto *per capita* ou por outros critérios econômicos. E também é um dos mais povoados. Como então explicar que a sua expectativa de vida seja tão elevada? Obviamente, Kerala é um lugar bom de se viver. O clima é subequatorial, com chuvas abundantes e bastante água. Talvez pudéssemos nos remeter ao velho clichê paradisíaco das praias orladas por coqueiros, onde a pesca e a colheita asseguram a sobrevivência das pessoas. É claro que tudo isso pode contribuir para a longevidade dos "keralianos", mas não é o bastante. O Sri Lanka, que fica a poucos quilômetros de distância e se beneficia de características geográficas e climáticas semelhantes, apresenta uma baixa expectativa de vida. Kerala é um dos estados da união indiana que foram comunistas durante um certo tempo. Mas o seu comunismo era formal, nem mais benéfico nem mais nocivo do que outros regimes políticos. A explicação vai então mais além. Como outros países dessa mesma união, Kerala também tem acolhido um certo número de missionários católicos que vêm se esforçando por abolir as castas. Para isso, eles têm favorecido especialmente a instrução das meninas, estabelecendo uma rede de escolas por todo o país. Tranqüilizados pela proximidade das escolas, os pais permitiram que suas filhas as freqüentassem e hoje elas já ostentam uma elevada taxa de alfabetização. Sabe-se que a educação das mães, notadamente em termos de higiene e alimentação, é um fator essencial na prevenção da mortalidade infantil. Mas esse fator seria suficiente para explicar a extraordinária expectativa de vida dessa população? Pois não é mais o caso de alguns centenários batendo recordes extraordinários, mas de uma vantagem compartilhada por toda a comunidade. Seja como for, até mesmo com as explicações incompletas, quem poderia tirar de Kerala o título de "o lugar da longevidade"?

QUEDA DA NATALIDADE E QUEDA DA MORTALIDADE: A TRANSIÇÃO DEMOGRÁFICA

Um pouco antes da Revolução Francesa, tanto a França e a jovem América como o restante da Europa e os demais continentes, inclusive a África, passaram — ou ainda passam — de uma sociedade tradicional, onde a natalidade e a mortalidade eram elevadas, para um modelo no qual esses fatores são baixos. Passamos de uma pirâmide com base larga e cume pontudo para uma figura com a base estreita, o meio dilatado e o alto achatado. No primeiro sistema, o crescimento fraco e lento da população fez com que ela precisasse de 19 séculos para triplicar: de 300 milhões de pessoas que havia no mundo no início da era cristã, passou para a cifra de um bilhão em 1830. A súbita baixa da mortalidade (sobretudo a infantil) tem induzido, mesmo com o freio de uma fecundidade em baixa, um crescimento formidável da população mundial, que dobrou em 40 anos: três bilhões, em 1960, para mais de seis bilhões, em 1999. Mas essa explosão demográfica é limitada no tempo, pois corresponde a uma fase entre dois estados de equilíbrio. A taxa de crescimento da população já decolou nos países industrializados, que foram os primeiros a transformar-se. Assim, na França, o crescimento da população (ou melhor, a estabilização decorrente da baixa natalidade pela qual passamos) não é mais assegurado pelo alongamento da duração de vida das primeiras gerações longevas. Afinal, mesmo com atraso, um dia esses "novos" velhos acabarão morrendo. E quando os estoques (desculpe o termo) esgotarem, a mortalidade e a natalidade encontrarão um novo equilíbrio, ainda que mais enfraquecido, e a população estará novamente estabelecida. O que só não irá ocorrer se a natalidade deixar de assegurar a renovação da população. De qualquer forma, ela irá decrescer. O mundo já vive hoje esta passagem — nomeada acertadamente como transição demográfica — entre o equilíbrio assegurado pela natalidade e mortalidade elevadas e o equilíbrio recuperado pela natalidade e mortalidade em baixa. Entre os dois, uma fogueira demográfica, uma verdadeira revolução na história da humanidade!

E DEPOIS?

A renovação das populações e daquilo que é chamado como o seu envelhecimento depende de uma incógnita: a natalidade, objeto de todas as especulações. Em pouco tempo, nos dois próximos decênios, conheceremos o número efetivo de futuras mamães; elas já nasceram e, aliás, não são muito numerosas. Mas não há nada mais a fazer sobre isso, a não ser apelar, nos países que envelhecem, ao fluxo imigratório proveniente dos países jovens.

Como é que essas futuras mães poderão garantir outras futuras mães? Se cada mulher gerar uma filha, a renovação da população estará assegurada. E para gerar (estatisticamente falando) uma filha, se faz necessário gerar 2,1 crianças. O que não é fácil! Essa fantasia numérica é de fato muito séria. Multiplicado por milhões de mulheres, este número de 0,1 criança dá um efetivo bastante importante em crianças — e, portanto, em meninas — suplementares recenseadas, que compensam o déficit associado às mulheres que não tiveram filhos, ou que morreram antes de ter dois filhos, e a um fenômeno curioso da natureza: sempre nascem mais meninos do que meninas, numa relação de 105 para 100. Talvez fosse melhor corrigir a cifra de 2,1, porque os casais estão adiando cada vez mais a maternidade, um fato que traz dois riscos para as mães: o primeiro, mais tênue, de morrer antes de parir, e o segundo, mais importante, de perder grande parte da fecundidade.

Agora que a mortalidade já está bem controlada e que a sua evolução já é previsível, a evolução numérica das populações encontra-se, sobretudo, fundada na fecundidade. Na França, com 2,1 crianças por mulher, temos atualmente cerca de 700 mil crianças por ano, de modo que a população ficará estável. Se as próximas mamães forem como as suas irmãs mais velhas e se contentarem com uma média de 1,7 criança por mulher, assistiremos a uma queda populacional progressiva na França. Com essa mesma taxa de fecundidade, a população européia passaria dos 370 milhões de habitantes, em 1995, para 300 milhões, em 2050.

A taxa de natalidade condiciona igualmente o envelhecimento da população, ou seja, o aumento da porcentagem de pessoas com mais de 60 anos na totalidade da população. Atualmente, na França, 20% da população têm mais de 60 anos; em 1810 eram 10%, e amanhã (2050) serão entre 30 e 40%. O envelhecimento demográfico possui três fontes: o recuo da mortalidade, a redução dos nascimentos e o decréscimo da imigração (que é constituída de indivíduos jovens). O recuo da mortalidade (envelhecimento no cume) consegue repercutir na medida em que o fenômeno evolui, e um dia ele atingirá a dianteira! A imigração que obedece a uma vontade política está sendo — em princípio — regulada, mesmo com a redistribuição das populações entre as diferentes regiões do mundo prosseguindo o seu curso do sul para o norte e do leste para o oeste. Quanto à baixa da fecundidade, ela é a causa essencial do envelhecimento da população. É o envelhecimento pela base. Ou seja, nós não temos "velhos em profusão" e sim "carência de crianças". No entanto, ao contrário do que ocorre com o indivíduo, a população pode rejuvenescer. Para isso, "basta" que se façam bebês ou que abram suas fronteiras aos imigrantes...!

Deve-se sublinhar que a definição de envelhecimento das populações repousa exclusivamente no critério de idade. Ora, a idade é tão imprópria para caracterizar as populações quanto os indivíduos. Nunca é demais repetir que esse critério de idade é um sistema discriminatório perverso! Se preferirmos um indicador mais confiável, como a probabilidade de o indivíduo adoecer ou tornar-se dependente, observaremos que as nossas populações não envelhecem desde o início do século XIX. Se as pessoas idosas são cada vez mais numerosas, em valor absoluto e proporcionalmente ao resto da população, os desconfortos da velhice estabilizaram-se para melhor, pois se no passado eles eram precoces e quase sistemáticos, agora são cada vez mais tardios e muitas vezes até evitados. Quase 90% das pessoas com mais de 75 anos convivem com esses desconfortos. Longe de serem uma fatalidade, o envelhecimento patológico e o estado de dependência servem de orientação para grande parte das gerações em ascensão.

Para tranqüilizar ainda mais, deve-se examinar um último indicador do nosso futuro: a expectativa de vida sem incapacidades. É bom que fique claro que de nada valeria prolongar os anos de vida para ficar no fundo de uma cadeira de rodas, na cama ou sofrendo as misérias da idade avançada. Por isso mesmo os nossos especialistas determinam um indicador dos "bons" anos de velhice: a expectativa de vida sem incapacidade ou expectativa de vida ativa. A caminhada não é imune aos riscos. Criar modelos de qualidade é dar um primeiro passo na direção do eugênico. E fixar um limiar depois do qual continuar a envelhecer acaba sendo uma perspectiva desestimulante não é admitir implicitamente que é possível e talvez até preferível renunciar? Em termos de qualidade de vida, não se pode julgar senão... a vida de si mesmo, em função daquilo que se é e daquilo que (ainda) se espera da existência. Sacrificar a quantidade sobre o altar da qualidade é mais uma teoria de jovens! Um estudo mostrou que a maioria das pessoas idosas, mesmo as mais debilitadas, não aceitaria ceder um só mês de vida em troca da melhoria das suas condições!

A MORTE E O LENHADOR
(segundo Esopo)

Um pobre lenhador, pela ramagem todo tomado
Sob o fardo da lenha e também da idade
Gemendo e curvado, andava com dificuldade
Para chegar à sua cabana de defumados.
Por fim, não agüentando o esforço e a dor
Ele larga a lenha e vislumbra o seu dissabor.

> Que prazer na vida ele terá obtido?
> Se no mundo é mais um pobre desvalido!
> Por vezes atacado pelas penas e em descansos nunca postos.
> Sua mulher, seus filhos, os soldados, os impostos,
> Os credores e o trabalho de graça que dá ao senhor,
> Demonstram o seu triste quadro de dor.
> Ele chama a morte. Ela vem sem tardar,
> E a ele indaga a razão de tal chamado.
> "Ah — diz ele —, é para você me ajudar
> A recarregar a lenha, pois quero o trabalho logo acabado."
>
> A morte a tudo vem socorrer.
> Mas não é bom reclamar da nossa situação:
> Antes sofrer que morrer,
> É para os homens a melhor condição.
>
> La Fontaine (Livro I, 16)

Felizmente temos algumas chances de escapar do grande debate "quantidade ou qualidade de vida", pois a expectativa de vida sem incapacidade não pára de crescer, está crescendo até mais rápido do que a expectativa de vida global. Entre 1981 e 1991, os franceses ganharam dois anos e meio de expectativa de vida e três anos de vida sem incapacidade! As desvantagens da velhice recuam mais rápido do que os limites da vida. E os anos ganhos são bons anos, anos de perfeita saúde. Para as pessoas não-institucionalizadas, a metade dos anos que restam a viver a partir dos 85 anos é de autonomia. De acordo com uma expressão célebre: "Os anos se somam à vida e a vida se soma aos anos." E assim a velhice torna-se cada vez mais vida a mais!

COMPRESSÃO DA MORBIDADE OU PANDEMIA DAS DOENÇAS DEGENERATIVAS?

Elaborados com cifras fictícias, os quatro esquemas a seguir demonstram as diferentes e possíveis evoluções da expectativa de vida sem incapacidade (EVSI), no momento em que a expectativa de vida global alonga-se cada vez mais.

A primeira linha, A, representa a situação tal como ela se apresentava no início do século: a extensão do traço traduz a duração média de vida (70 anos). Aos 63, aparecem os problemas (essencialmente degenerativos) responsáveis pelas incapacidades. Eles estão representados por um triângulo negro que vai crescendo, como as incapacidades, à medida que se aproxima a época do falecimento. A duração de vida nesse estado de incapacidade era, portanto, de sete anos (70-63 = 7) e representava 10% do total da existência.

As três outras linhas, B, C e D, cuja extensão de vida representa uma duração de 90 anos (ou seja, um ganho de 20 anos), ilustram as três opções que a expectativa de vida sem incapacidade pode assumir.

Hipótese B: a longevidade aumenta, mas as complicações degenerativas que ocasionam invalidez e incapacidade continuam a surgir na mesma idade (63 anos, no nosso exemplo). A duração de vida com incapacidade é, portanto, de 27 anos (90-63 = 27), ou seja, 30% da existência. Neste caso, o alongamento da duração de vida (90 anos em vez de 70) é acompanhado por um alongamento do período de incapacidade, em valor absoluto (27 anos em vez de sete anos) e em porcentagem de existência (30% em vez de 10%). Nesse cenário, os anos de vida ganhos permitem somente a "explosão" das doenças da velhice. É a pandemia das doenças degenerativas.

Hipótese C: a longevidade aumenta e as complicações degenerativas causadoras das incapacidades e da invalidez sempre precedem a morte, com um mesmo número de anos (sete, no nosso exemplo). Portanto, elas surgem aos 83 anos de idade, para uma longevidade de 90. Os anos da incapacidade estarão, por postulado, em mesmo número; mas, por causa do prolongamento da duração de vida, eles não representarão mais do que 8% da existência, em vez de 10%. Esse é o cenário da compressão da morbidade.

Hipótese D: a longevidade aumenta e a duração do período de incapacidade representa sempre uma porcentagem fixa da duração de vida total (10%, no nosso exemplo). Com uma longevidade de 90 anos, esse período será de nove.

O cenário mais provável situa-se entre as hipóteses C e D. Os anos ganhos (20 anos, no nosso exemplo) não são todos

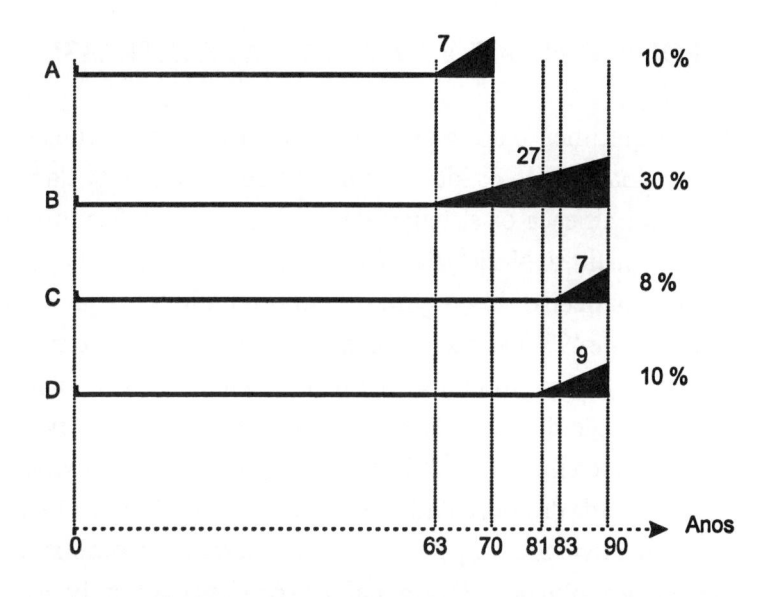

▰ : Duração de vida passada em incapacidade

anos bons, que se intercalariam na vida antes do surgimento das incapacidades (teoria da compressão da morbidade); mas os anos bons intercalados antes do surgimento das incapacidades são muito mais numerosos do que aqueles que se juntam depois, ou seja, os anos "maus"! Os cenários não são, no entanto, os mesmos para o homem e para a mulher.

Se o número dos anos ganhos é maior para as mulheres, a proporção desses arranjos do lado mau (os males) também é mais importante para elas do que para os homens. Mas os anos bons são sempre amplamente majoritários! Quanto à hipótese de uma pandemia das doenças degenerativas, de 20 anos maus somados ao final do curso, ela é totalmente impossível e definitivamente excluída!

A POLÍTICA DO AVESTRUZ OU DAS PANTERAS?

O envelhecimento dos países europeus (uma nação é considerada velha quando os idosos representam mais de 14% da população) ameaça os sistemas de produção social. Segundo o INED (Instituto Nacional de Estudos Demográficos): "O equilíbrio financeiro dos regimes de aposentadoria requer um aumento de 49% nas taxas de contribuições da velhice, uma redução de 43% no montante das pensões em relação ao salário, uma elevação de dez anos na idade de paralisação das atividades e um crescimento de 75% no efetivo da população ativa sem elevar a idade da aposentadoria, somente com a progressão das taxas de atividade ou pelo recurso à imigração." Como se vê, não faltam soluções... Ora, a maior parte dos governos banca o avestruz, enquanto as associações de idosos organizam-se, algumas optando por uma política de "panteras" (cinzentas, no caso) e de defesa dos interesses das categorias, o que não significa uma melhora na inserção social dos aposentados e uma generosidade maior por parte dos mais jovens. Eis do que precisamos nos convencer: as soluções existem, mas deverão atender aos interesses de todos. E essas soluções precisam ser inventadas, um fato que deverá ser formidavelmente estimulante. Isso tanto para os governos, os filósofos e os economistas quanto para os velhos de agora e os futuros velhos. Em suma, para todos! Em vez disso, o mundo estremece, mas voltando os olhos para bem longe; o debate permanece confidencial, as decisões são divergentes e alguns "iluminados" que se dedicam a essa pesquisa pregam no deserto. Até quando? Até que haja uma explosão social? Até que os aposentados estejam na rua? Seguidos pelos futuros ativos? Até que ocorra a guerra das gerações? Na verdade, não temos sabido antecipar — e, portanto, acompanhar — a já anunciada evolução numérica e longeva da nossa sociedade. As primeiras gerações longevas estão "calmas", pois se encontram economicamente favorecidas (elas foram as primeiras a experimentar plenamente as recentes leis de aposentadoria e as últimas a conhecer o emprego integral por mais de 30 anos). Além disso, esses novos velhos apóiam-se sobre o balão de indivíduos, produto do *baby boom* ainda na ativa que fornecem um maná de contribuições. Mesmo que os balanços anuais de seguro à velhice se tornem deficitários, o caixa *ainda* não está vazio.

E mais tarde? E quando o balão atingir o topo? Como é que os seus passageiros vitaminados e em boa forma, com o "apetite" estimulado por um *marketing sênior* e dinâmico, se contentarão com a "cesta básica" mesquinhamente oferecida pela sua frágil descendência, jovens adultos nem tão numerosos assim, que se digladiam num universo profissional implacável? Como é que eles conseguirão se pôr ativos, uma vez que a sua autosuficiência está ameaçada? Não se trata apenas de reivindicar um papel numa sociedade que faz questão de esquecer dos seus velhos, mas de ter o direito e a liberdade de viver dignamente e de acordo com suas escolhas. Eles estarão fisicamente dispostos e a sociedade confiscará o seu futuro? Atenção, a revolução dos frutos do *baby boom* não está tão longe como se pensa!

PÓS-SEXAGENÁRIO E NEO-IDOSO

Pela primeira vez na história da humanidade, hoje não são mais alguns privilegiados poupados pelas vicissitudes da existência que estão às portas da velhice, mas toda uma geração, 90% de uma faixa etária! Mais que bacharéis! E não é uma geração *lambda* e mediana, e sim a do *baby boom*! Alentada pelo seu superefetivo histórico e pelos seus hábitos reivindicatórios!

Os frutos do *baby boom* estão hoje na faixa dos 50 anos. À frente, eles têm os senhores da atualidade, os "jovens velhos" desperdiçando saúde e em vias da reabilitação social apregoada pelas revistas que cada vez mais alardeiam a revolução do "envelhecer bem". Mesmo que essa reabilitação não detenha as rugas ainda charmosas dos 60 anos e se volte para um futuro fundado exclusivamente nos prazeres do consumo! Então, que se esclareçam os valores da maturidade, que o indivíduo compreenda a importância fundamental da sua própria velhice e que a sociedade se faça mais generosa e tolerante. Que se dê aos velhos o direito de viverem a sua velhice da maneira que quiserem, ativos ou aposentados, móveis ou imóveis, sozinhos ou acompanhados, consumidores ou observadores! Que a saúde desses velhos não seja macaqueada como uma juventude "socialmente correta"! Afinal, quem não prefere um velho verdadeiro a um falso jovem? E que nenhuma etapa da velhice seja ocultada. Pois todas essas etapas, sobretudo a mais adiantada, são exemplos e lições de humanidade.

A OMS E A LONGEVIDADE

Em 1998 a OMS (Organização Mundial de Saúde) comemorou os seus 50 anos de existência; nessa ocasião, seu diretor-geral, Niroshi Nakajima, publicou um relatório relativamente otimista sobre a saúde no mundo. Jamais um relatório da OMS havia se dedicado tanto ao envelhecimento da população mundial e às pessoas idosas. Algumas frases em destaque no relatório são aqui reproduzidas:

Lentamente estamos começando não só a aprender a viver mais tempo, como também a permanecer saudáveis por mais tempo, tendo menos incapacidades e, por conseqüência, sendo menos dependentes dos outros.

A tendência que se delineia hoje é a de uma incontestável evolução na direção de uma vida mais longa e mais saudável.

O envelhecimento da população tem repercussões muito importantes em todos os países. No que concerne à mortalidade, pelo menos as mulheres de todas as faixas etárias parecem mais contempladas do que os homens. Em geral as mulheres podem viver mais tempo do que os homens, mas o acréscimo de vida que lhes é legado não comporta vantagem real alguma.

Os países em vias de desenvolvimento atingiram uma transição epidemiológica caracterizada pelo envelhecimento veloz da população e por uma incidência crescente de doenças não-

transmissíveis, associadas às mudanças do modo de vida. O recuo da mortalidade pode favorecer o aumento da prevalência das incapacidades, ainda que relativamente leves. Para um número enorme de pessoas, nunca antes assistido, a perspectiva de uma idade avançada, associada à boa saúde, torna-se uma realidade.

O envelhecimento da população repercute profundamente na sociedade. Mas é uma revolução social tranqüila e quase imperceptível. Dado o fato de que as pessoas já vivem mais tempo, é necessário que no decorrer da vida elas aprendam a cuidar melhor de si mesmas. Para a mulher, que vive mais tempo do que o homem, a qualidade dos seus anos suplementares de vida ganha uma importância capital. A maior parte dos cânceres aparece numa idade avançada, e este risco aumenta fortemente com o envelhecimento. Tanto para os homens como para as mulheres de idade avançada, o exercício físico torna-se uma atividade preventiva de grande importância. É necessário que se enfatize o envelhecimento ativo e que se encoraje todos os velhos a participarem plenamente da vida social.

O cuidado com o bem-estar dos membros idosos da sociedade atual inscreve-se nas relações entre as gerações que deverão instaurar-se no século XXI.

A velhice há de vir...
Mas qual?

Após ter se adaptado corajosamente a um meio hostil, substituindo a providência para assegurar suas necessidades fundamentais: calor (fogo, vestimentas) e nutrição (criação e cultura); após ter realizado as revoluções industrial e tecnológica; após ter controlado grande parte das doenças contagiosas que o afligem, o homem ainda precisa enfrentar um desafio: adaptar-se a sua longevidade para sobreviver a ela. O que, aliás, não passa de um grande paradoxo! Mas que tipo de ameaça a longevidade poderia trazer "para todos"? E quem está ameaçado? O indivíduo? A sociedade? Ou simplesmente os sistemas criados há pouco para fazer frente a uma situação dada, sistemas que dificilmente são colocados em prática por estarem "estratificados" no consumo social? É hora então de colocar as boas questões e torcer o rabo de inúmeras idéias preconcebidas!

LONGEVIDADE: UMA AMEAÇA À SOCIEDADE?

Em que aspectos uma sociedade velha seria menos promissora do que uma sociedade jovem? A sociedade não tem o destino mortal dos indivíduos que a compõem! E o seu fim não é indicado pelo número dos seus velhos. Uma sociedade envelhecida não deixaria de funcionar mesmo que as pessoas idosas não ocupassem papel algum, não detivessem qualquer responsabilidade e ficassem por conta da Previdência, como costuma ocorrer nos dias de hoje.

A exclusão dos idosos foi uma escolha política (aqui não cabe qualquer aprovação moral) fundada na superioridade numérica e no potencial de agitação dos mais jovens. Assim, no mundo do trabalho, o "sacrifício" dos trabalhadores idosos em benefício dos jovens desempregados torna-se um fator de paz social. As primeiras medidas sociais sustentadoras dessa exclusão do trabalho em função da idade datam de 1968. Em breve, os mesmos argumentos políticos e demográficos poderão levar as nossas sociedades a privilegiar as pessoas idosas. Os batalhões cada vez mais crescentes de idosos conferem a eles um poder revolucionário de enorme peso! No entanto, em vez de sacrificar uns e outros, não seria o momento de imaginar uma sociedade onde cada um tivesse um papel a cumprir ao longo da sua existência? Isso implica inventar e valorizar outras formas de atividades sociais que não sejam apenas o "trabalho" na sua concepção clássica, e em poder passar de uma atividade a outra de acordo com as aptidões e os desejos de cada um e não em função de uma determinada idade. Dessa forma, a inutilidade social e a exclusão dos idosos poderiam ser combatidas muito mais pela sociedade do que pelos idosos, que, por mais paradoxal que pareça, são vítimas a receber reprovação!

Contrariamente às idéias vigentes, dizer que até mesmo as pessoas idosas inativas são produtivas significa aceitar a produtividade como valor social de referência, o que seria ótimo levar adiante! Afinal, ao consumirem bens e serviços, os idosos tornam-se vetores de emprego; por conseqüência, de riqueza. As despesas dos idosos aumentam mais rapidamente do que a média nacional. As pessoas com mais de 50 anos representam

50% do mercado de produtos de beleza, 45% do mercado automobilístico e 60% do turismo. Grande parte do consumo total de serviços fica por conta dos aposentados. Os velhos são, portanto, os motores econômicos que beneficiam notadamente as regiões envelhecidas do Mediterrâneo: o setor terciário dessa faixa etária progride mais rápido do que a média nacional!

O *MARKETING* DO IDOSO

O *marketing do idoso* é uma invenção que vigora há mais de 20 anos nos Estados Unidos e que apareceu na França somente há poucos anos. A idéia consiste em adaptar os produtos, as embalagens e a publicidade às necessidades e aos comportamentos dos consumidores com mais de 50 anos de idade, a fim de seduzir essa população que, comercialmente falando, tem a dupla vantagem de estar em expansão numérica e de ter dinheiro. Os idosos possuem algumas necessidades específicas e critérios de compra diferentes dos usados pelos consumidores mais jovens. Tanto as suas reações psicológicas como as suas decisões e as suas escolhas são bastante diferentes. Pois obedecem a um motor e a uma dinâmica que lhes são próprios. Não se consegue convencer os idosos como se convence os jovens adultos; as regras de comunicação são sensivelmente diferentes. E quando os fabricantes e as agências de publicidade dominam esses dados, é dinheiro certo! O alvo é a conquista, e dizem que ela representa uma porcentagem cada vez mais importante no grupo de consumidores, tanto em número de indivíduos como em poder de compra, *per capita*. Preste atenção: a associação americana dos aposentados (AARP) agrupa um número de 33 milhões de associados e coloca-se, em efetivo, somente atrás da Igreja católica no país. O "coração do alvo" — os consumidores a seduzir — são imperativamente os

"*GRAMPIES*", ou *Growing Retired Aging Moneyed People in Excellent State*. Traduzindo: o grupo "crescente de pessoas idosas, aposentadas, que têm dinheiro e esbanjam saúde"! A partir de que idade as pessoas se tornam *GRAMPIES*? Segundo os países, entre 55 e 60 anos. Todas as sociedades comerciais aguardaram os frutos do *baby boom* (todos os franceses nascidos entre 1946 e 1964) atingirem a crista da onda. Uma onda gigantesca de *GRAMPIES* pela frente! Essa marcha "grisalha" ou prateada floresce mais a cada ano, porque os desempenhos de cada geração ultrapassam os das precedentes; assim, sempre há mais necessidades, mais exigências... e mais despesas! Mas seduzir um grupo tão heterogêneo como o dos idosos não é tão simples assim! Com as idades variando a partir do meio século para cima, é claro que os modos de vida, as culturas e as referências não podem ser os mesmos para todos. Os mesmos argumentos apresentam pesos diferentes para quem tem 60 ou 90 anos de idade. Uma publicidade que represente as pessoas idosas "evidenciando suas idades" não vende. E se elas são muito jovens, pior ainda! Trabalho difícil, esse!

Ao lado da proclamada inutilidade social dos idosos, uma outra coisa que é lançada no rosto dessas pessoas é o seu grande consumo de assistência. Mesmo que a visão contábil do envelhecimento seja desoladora, o olhar fixo sobre o balanço dos seguros de saúde e velhice de nada serve para elucidar a questão. Primeiro, porque os custos não aumentam da maneira drástica que se diz. Os déficits são mais devidos à insuficiência de financiamento do que ao aumento das despesas. Na Europa, entre 1980 e 2040, o aumento anual médio será de 1,2% para as pensões de aposentadoria e de 0,6% para as despesas com a saúde. Ao mesmo tempo, a porcentagem dos que têm mais de

60 anos de idade na população em geral passará de 20% para 40%, ou seja, um aumento de 100%. E quando se diz que a redução da população européia esperada por volta de 2040 explica o relativo controle das despesas com a saúde, é preciso lembrar que esse despovoamento é acompanhado por um agravamento do desequilíbrio entre contribuintes e beneficiários!

Depois, porque o envelhecimento demográfico está longe de ser o único responsável por esses aumentos. No tocante às pensões de aposentadoria, deve-se levar em conta as conseqüências financeiras do rebaixamento político da sua idade de atribuição; e, no tocante às despesas com a saúde, o custo cada vez mais elevado das novas tecnologias e os efeitos da demografia médica (o aumento do número de médicos implica um aumento da oferta de cuidados). As pessoas idosas não constituem nada mais do que um consumo médico superior, em média, em relação ao resto da população.

Enfim, ao contrário das aposentadorias estritamente ligadas à idade (mesmo que essa idade possa evoluir), o seguro-saúde diz respeito ao conjunto da população. O essencial dos custos corresponde às doenças graves, que causam invalidez, e aos meses e semanas que precedem a morte. Enquanto seres mortais, todos nós temos um preço de "saída", à exceção das mortes súbitas, socialmente "econômicas". Esse preço é o mesmo quando se morre aos 15 anos, em conseqüência de um acidente, aos 20 anos, de leucemia, aos 40, de AIDS, aos 60, de câncer, ou aos 80, vítima de um acidente neurovascular. "Não, os velhos não custam os olhos da cara!" Foi com esse título desolador que um antigo diretor de uma agência regional do seguro social esboçou num artigo a defesa de um ponto de vista corajoso. Os dados socioeconômicos mostram que as despesas médicas aumentam com a idade. No seio dessas despesas, a parte hospitalar também aumenta com a idade, para representar 63% do total após os 85 anos. E de que outra maneira poderia ser, se as hospitalizações tidas como terminais são quase sistemáticas? As pessoas morrem muito mais em hospitais do que em casa. Não é a velhice que custa caro e sim o falecimento. E como os falecimentos sobrevêm mais freqüentemente em idades elevadas, os sobrecustos são atribuídos à idade.

Por último, o custo social das pessoas idosas está muito mais ligado à inatividade do que à idade. A idade e a falta de investimento social, ambas altamente patogênicas na produção de inúmeros problemas de saúde, não são escolhas feitas pelos interessados, mas impostas pela sociedade. Não resta dúvida de que reservar a inatividade somente aos momentos nos quais a idade e/ou as doenças a justifiquem geraria uma enorme economia.

É, portanto, a política da velhice que ameaça a sociedade, bem mais do que a longevidade! Os velhos tornam-se inúteis e onerosos por decreto, não por vocação pessoal.

LONGEVIDADE: UMA AMEAÇA AO INDIVÍDUO?

Pensando bem, não é apenas a velhice que nos apresenta a perspectiva de encararmos as doenças, a precariedade e a solidão, e a incapacidade de decidirmos nosso destino. Qual é a realidade por trás dessas crenças?

Seremos doentes? Primeiro, é um equívoco tentar jogar nas costas dos futuros velhos as taxas de incapacidade que as gerações anteriores sofreram na mesma idade. Pois tanto a melhoria das condições de vida e de trabalho como os progressos realizados pela higiene e a medicina não só produziram o efeito de prolongar a vida, como também de transformar a saúde e a resistência das novas gerações. Já não envelhecemos com o mesmo risco de doenças e incapacidades de outrora. E as possibilidades terapêuticas são hoje muito maiores. Eis aí duas razões para sermos racionalmente otimistas. Em vez de agitar o espectro da dependência, seria melhor começar a trabalhar o enorme leque de medidas preventivas! O envelhecimento é um processo fisiológico suscetível de se tornar assintomático até em idade avançada.

Seremos pobres? Caso seja possível avaliar o número de idosos em longo ou em curto prazo, a capacidade da sociedade de assumir essas pessoas sob o modelo atual permanece uma incógnita. Isso porque o futuro econômico é pouco previsível e o estilo de vida dos idosos permite pressagiar as necessidades que crescerão com o desejo de independência. Mas o que se espera é que um dia apareçam novos sistemas para assegurar a autonomia financeira dos idosos, de modo que eles possam ser contemplados com a igualdade do sistema de saúde.

O equilíbrio entre as contribuições previdenciárias anteriores e as pensões da aposentadoria, calculadas há pouco tempo sobre a base de uma duração média de aposentadorias de dez anos, não sofreria mais do que um moderado prolongamento de 30 anos (!), caso o futuro viesse a restabelecer o crescimento econômico e o pleno emprego. E se for necessário limitar a duração do período das pensões, pode-se optar por prolongar o período ativo em vez de frear — ou inverter — a nossa evolução longeva. Enfim, as assistências complementares serão certamente decididas, ao menos no campo europeu, harmonizando os sistemas nacionais entre eles e organizando — tudo por garantia — a economia individual "selvagem" que já suscita a perspectiva dos velhos dias!

Se os anseios dos idosos podem ser garantidos por meio de alguns arranjos, faz-se também necessário que alguns dispositivos de assistência à saúde não venham a ameaçá-los. Pois no sistema de saúde francês existe uma discriminação contra a idade, cujas repercussões são igualmente financeiras. É justo que os investimentos, as pesquisas e os tratamentos destinados aos idosos sejam inferiores aos dos mais jovens? É justo que as hospitalizações de longa duração estejam disponíveis para todos os doentes, exceto para os mais idosos? O que se reclama é que uma parte das internações representando os dois terços da fatura seja, em média, mais de dez mil francos mensais. Como pagar, quando o montante médio dos aposentados é três vezes inferior? Como aceitar, quando não há dinheiro para honrar a dívida, o embargo do Estado sobre os bens que se destinavam às suas crianças ou, pior, sobre os seus salários?

Quer se trate de aposentadorias ou de assistência à saúde, a Previdência estatal atravessa uma crise. Mas as dificuldades nascem muito mais das modalidades de repartição dos recursos do que das capacidades de financiamento. As arbitragens serão políticas. Espera-se, porém, que a vontade política do Estado de administrar os custos não o faça esquecer da sua missão fundamental: a assistência aos mais desvalidos e mais fracos! Somente assim ele poderá reforçar a tão necessária solidariedade familiar entre as gerações, sem desagradar os espíritos desgostosos. Essa solidariedade isonomiza as desigualdades entre as gerações, resultantes das nossas escolhas políticas. A ajuda familiar dirige-se aos que têm rendas menores, os mais jovens e mais idosos que ainda não entraram ou (já) saíram do mundo do trabalho. Ela se alimenta da ajuda pública para redistribuí-la. As pessoas idosas tiram das suas pensões de aposentadoria para ajudar jovens e crianças. E as prestações sociais oferecidas aos mais jovens também podem ser utilizadas em benefício dos velhos. Essas transferências familiares representam 135 bilhões de francos por ano, ou seja, 3% a 4% das rendas. Esse tipo de solidariedade foi reafirmado pelos resultados de uma pesquisa recente. A manutenção das pensões de aposentadoria ao nível do salário médio é exigida de todos, tanto de jovens como de velhos, e os primeiros estão de acordo em contribuir um pouco mais, se o caso se apresentar, mesmo com os adiantamentos sobre o salário tendo sido dobrados em 30 anos: 12% em 1967, e 23% em 1995. A guerra das gerações não é para amanhã! Mas não devemos fazê-la eclodir à custa de palavras insensatas!

Ficaremos sozinhos? Com o recuo da mortalidade e a conquista de idades mais avançadas, a viuvez regride com mais constância e as diferentes etapas da aposentadoria são cada vez mais acessíveis ao casal. Não obstante, a raridade das coabitações transgeracionais, uma conseqüência do desejo de independência e do recurso (evitado ou tardio) à vida em asilos por parte das pessoas idosas (viúvas, divorciadas ou solteiras), tem por corolário um certo risco de isolamento. O conhecimento desse risco permite elaborar — ao menos individualmente — uma solução estratégica: abertura para a pluralidade das atividades sociais que serão — coletivamente — a melhor garantia da inserção dos idosos e de muitos outros!

Seremos destituídos do nosso livre-arbítrio? Recorrer à solidariedade significa renunciar ao leme do nosso destino? Este é o caso quando a assistência é imposta; quando, privados do direito de trabalhar, os indivíduos são autoritariamente jogados na "dependência" social e às vezes na precariedade, o que pesa enormemente sobre suas opções de vida. A solidariedade consentida também pode alienar a liberdade. Quais são as opções oferecidas aos idosos dependentes? Quais são as decisões que lhes restam tomar? Aí está a verdadeira perda da autonomia: a impossibilidade de reagir por si mesmo, de fazer a sua própria lei!

A VELHICE SEGUNDO... OS VELHOS!

O SOFRES e o IPSEN, dois institutos de pesquisa franceses, interrogaram uma "amostra" de 5.500 pessoas idosas em idades que iam de 55 a 79 anos, representativas da população francesa em razão da diversidade dos seus meios socioprofissionais, de suas regiões, do tipo de suas residências etc.

É extraordinário o fato de que 92% das pessoas idosas, solicitadas por via postal para participar da pesquisa, aceitaram responder prontamente a 95 questões acerca da percepção que tinham da velhice, do estado de saúde e de todos os aspectos de sua vida cotidiana.

Primeiro ponto, 76% das pessoas com 55-79 anos de idade sentem-se jovens. Entre os mais velhos, os de 70-74 anos e os de 75-79 anos, as taxas desses "jovens" são, respectivamente, de 64% e de 52%. A percepção da velhice está estreitamente ligada ao estado de saúde. Somente 12% das pessoas não se queixaram de nada, contra 35% das que se queixaram dos problemas de memória e 59% das que se queixaram das dificuldades de locomoção.

De acordo com essas pessoas, a velhice define-se a partir do estado físico (62% das respostas), da saúde intelectual (50%) e do grau de autonomia (44%). A inutilidade e a aparência física não são adequadas para descrever a velhice. Além disso, os de 55-79 anos são ativos. A porcentagem dos que fizeram uma viagem anual oscila entre 70% para os mais jovens e 59% para os mais idosos. Se a ociosidade ativa (jardinagem, bricolagem) diminui com a idade, dando lugar à ociosidade "imóvel" (leitura, televisão), o esporte e a caminhada estão em progressão até os 70 anos de idade. Enfim, o desejo de ser socialmente útil permanece importante, mesmo quando esse desejo declina com a idade e encaminha mais voluntários às jovens gerações do que aos idosos ou doentes.

O primeiro cuidado das pessoas idosas é com a saúde (95% das respostas). As doenças mais preocupantes são os problemas com a memória (entre todas as idades: 64%), seguidos pelo câncer (sobretudo entre os mais jovens: 59%) e o mal de Alzheimer (sobretudo entre os mais velhos: 45%). A segunda preocupação é com o desemprego dos jovens (79% das respostas), seguida pela solidão (53%) e pelo medo de perder o cônjuge (52%). Portanto, a solidão não é o flagelo que se imagina. Se 53% das pessoas se sentem sós esporadicamente ou não, a porcentagem dos solitários "freqüentes" é inferior a 10% e não aumenta com a idade. A solidão seria então muito mais um sentimento do que uma realidade, um sentimento fortemente influenciado pela qualidade do apoio conjugal e do estado de saúde.

Ao lado dessa análise puramente descritiva, a tomada simultânea de diversas variáveis apresenta três fatores para o envelhecimento bem-sucedido:

1. Conservar a ociosidade tida como "ativa" o maior tempo possível. O abandono da caminhada, do esporte, da jardinagem e de outras atividades comporta um risco real de adoecimento e de insatisfação com a própria vida.

2. Conservar relações estreitas com as jovens gerações. A freqüência desses contatos entre as gerações, familiares ou não, está fortemente ligada ao envelhecimento bem-sucedido.

3. Preservar a saúde. É a condição *sine qua non*! E não se trata apenas de cuidar das doenças graves, mas de também corrigir os "pequenos" problemas que podem acabar conduzindo ao abandono de toda atividade e ao isolamento.

LONGEVIDADE: PERIGO OU OPORTUNIDADE?

Mediante alguns ajustes, a nova longevidade não apresenta perigos nem para os indivíduos nem para a sociedade! Já é hora de repensar os princípios que animam nossas sociedades e de reavaliar os sistemas vigentes. A solidariedade deve ser exercida em todos os grupos sociais, apesar da desigualdade dos seus efetivos e do caráter arbitrário das definições individuais (sob que critérios se é ativo, sob que premissas se está velho?...), para que as competências de cada indivíduo possam ser bem utilizadas, sobretudo abandonando toda divisão da sociedade em classes etárias?

Comprometidos pelo envelhecimento demográfico e pelas medidas políticas que lhes estão conexas e que são responsáveis — pelo menos em parte — pela exclusão social dos idosos, os nossos sistemas de solidariedade precisam agora evoluir. Por ora, onde está a ameaça? Esses sistemas não são um fim, mas um meio. Essa é a melhor estratégia elaborada pelos homens para viverem de acordo com as regras morais escolhidas. Uma estratégia que tem de ser necessariamente evolutiva! Mas quem foi que teve a idéia ridícula de que tudo aquilo que foi bom um dia tem que ser bom para sempre? Para sobreviver, a sociedade solidária deve ajustar permanentemente as regras de funcionamento da solidariedade. Ativos e beneficiários não podem ser colocados no mesmo saco! Assim como é extremamente irreal a tentativa de diminuir o número dos primeiros e aumentar indefinidamente o dos segundos!

Hoje a velhice é bem menos ameaçadora do que o foi no passado. Certamente, ela se prolonga, mas as provas a atravessar se alijam e recuam no tempo. E muita coisa ainda poderá ser feita se, com humildade e resignação, o indivíduo tornar-se promotor e empreendedor do seu projeto de vida; ou, para falar mais claro, do seu projeto de envelhecimento. A amplitude e a vitalidade do envelhecimento vão forçar a sociedade a inventar uma nova velhice, integrada e portadora de valores. Trata-se de uma verdadeira revolução cultural que ultrapassará a "simples" obrigação econômica do envelhecimento sem ignorá-la. Há muito tempo que toda uma geração se prepara para ficar velha. Qual será o significado que a sociedade dará a essa aventura, que é mesmo a primeira desse tipo na história da humanidade? E de que forma o indivíduo poderá integrar essa nova etapa ao seu destino?

A longevidade... para todos!

A longevidade é mais do que nunca acessível a todos. Portanto, é responsabilidade da sociedade garantir a qualidade "universal". E que medidas devem ser tomadas?

RECUSAR UMA IDENTIDADE ESPECÍFICA AOS IDOSOS!

Face às pessoas idosas e ao seu número crescente, a coletividade tem duas atitudes possíveis. A primeira consiste em dividir a população em três grupos de idade: menores, ativos e aposentados. Os velhos são assim definidos a partir de uma determinada idade: 55, 60 anos, 65 anos... Todas as pessoas que chegam ao limite têm então direitos e deveres específicos. Na França, o *cartão vermelho* é dado a partir dos 60 anos. Nos Estados Unidos, onde a aposentadoria é mais tardia, é a partir dos 55 anos que os senhores (e senhoras) "recebem" o *cartão prateado*. Existem até catálogos telefônicos especiais: o Diretório Prateado. Tudo é prateado (prata, dinheiro)! Referência à canície (alvura dos cabelos) ou ao poder de compra dos idosos? No que diz respeito à sorte, isola-se um grupo social, muitas vezes tornando-o infantil e irresponsável. Com boas intenções, são então criados os subcidadãos. Sob o pretexto de proteção aos idosos, permite-se finalmente o exercício de um verdadeiro ostracismo. E para fazer que tipo de benefício? Para que o estatuto da "pessoa idosa" seja aplicado? Para que haja mais consideração? Para que as responsabilidades sociais sejam mais afirmadas? Antes fosse! Para que a doença e os embaraços da velhice recebam uma melhor atenção médica e social? O que se observa é o contrário! Pois apenas em função de suas idades, os idosos são incontestavelmente privados de um direito fundamental: o direito ao trabalho!

A alternativa é a de não diferenciar qualquer faixa etária em particular depois da maioridade. Todos são cidadãos, todos são iguais; todos com os mesmos direitos e deveres. Isso significa que não é mais a idade que deve ser levada em conta para atribuição de auxílios particulares e sim a existência de um empecilho, de uma incapacidade e de qualquer outra causa (acidente, doença, velhice...). Essa posição apresenta a vantagem de integrar à sociedade todos os seus componentes válidos, de modo que possa haver uma melhor assistência dos que estão temporária ou definitivamente desvalidos. Assim, a idade deixa de ser um gueto e as gerações não são mais jogadas umas contra as outras.

Finalmente, liberdade, igualdade e fraternidade poderão também agregar o "reconhecimento" dos idosos. Esqueçamos, portanto, da questão idade e consideremos os direitos e deveres de cada cidadão em função de suas capacidades e necessidades! Os idosos têm tudo a ganhar!

ELEVAR O NÍVEL ECONÔMICO E CULTURAL DA POPULAÇÃO

De todas as ações que uma sociedade pode empreender em favor do envelhecimento para alongar a expectativa de vida e retardar o aparecimento das incapacidades, a mais eficaz é sem dúvida melhorar o nível sociocultural do conjunto da população; fazendo isso, no mínimo, de forma a não desagradar aos idosos. Analisando a expectativa de vida da população em função de diferentes fatores, observa-se que o nível sociocultural é o principal fator para a longevidade, tanto para os homens como para as mulheres. O esforço mais rentável que uma nação pode fazer para promover a saúde, a longevidade e a vitalidade dos seus cidadãos é desenvolver a educação... de suas crianças! Rendamos, então, homenagens a Jules Ferry! O grau de instrução exerce uma grande influência ao longo da existência, especialmente ao sensibilizar os indivíduos no sentido de uma redobrada atenção à saúde. As mídias também representam um enorme papel na difusão do saber. Pois além das campanhas de saúde pública elas também podem contribuir na mudança de comportamentos, tanto dos idosos como dos mais jovens. E promover a saúde dos idosos também significa assegurar para eles um certo nível de recursos, uma segurança material. Atribui-se ao advento das pensões de aposentadoria uma boa parte do enorme ganho na expectativa de vida observada nos idosos de todos os países desenvolvidos. A possibilidade de benefícios na última etapa da vida e de rendas fixas e substanciais tem modificado substancialmente as possibilidades, as escolhas e as capacidades dos idosos. O impacto sobre a autonomia tem sido maior. Se a civilização é julgada pela sua maneira de tratar os velhos, ao menos no aspecto financeiro das coisas, os países ocidentais já iniciaram seu processo civilizador! O nível sociocultural da população condiciona fortemente a qualidade do seu envelhecimento, mas não somente isso! Ao assinalar o objetivo de melhorar ainda mais o nível do seu desenvolvimento, a sociedade não corre mais o risco de estimular um conflito de gerações, e com isso todos lucram!

UM OUTRO "CULTO" DA VELHICE

A velhice também é — e, sobretudo — cultural. Não havendo uma verdadeira definição médica ou funcional da velhice, é a sociedade que reconhece os seus velhos, baseada em critérios que flutuam segundo as culturas, mas que apresentam um mesmo "valor" central: a inutilidade. Em torno desse conceito de inutilidade aparece toda uma série de estereótipos negativos que orientam o pensamento comum e individual, fazendo com que os velhos reajam de acordo com a idéia que se faz deles. Se a sociedade procurasse evidenciar os valores positivos da velhice, ela chegaria à sua idealização bem mais facilmente do que se pensa!

Como inverter o rumo? Somente através das responsabilidades coletivas e individuais. Cabe aos idosos a tarefa de desfazer a imagem que a sociedade fez deles, em vez de se conformarem. Cabe à sociedade promover o envelhecimento, em vez de atuar defensivamente pela sua exclusão.

Esta nova forma de comunicação passa pela educação dos futuros cidadãos: os valores da velhice precisam ser evidenciados. Será que não há na literatura ou na história materiais suficientes para ilustrar o seu papel? Não se poderia delegar às crianças, dependendo do seu grau de escolaridade, a tarefa de acompanhar os idosos e de propor a estes um papel ativo na abertura ao mundo dos mais jovens? Os contatos entre crianças e idosos são extraordinariamente mais fáceis e ricos para ambos. Como testemunho disso já existem algumas experiências recentes de creches e escolas abrindo suas portas às pessoas idosas.

Os comportamentos familiares e coletivos apresentam o mesmo valor de exemplo. Na escala da minissociedade familiar, o lugar escolhido para os mais velhos deve ser reavaliado de maneira qualitativa e até mesmo quantitativa. A percepção que os nossos filhos têm e terão dos idosos é fortemente influenciada. Estaremos cumprindo os nossos deveres filiais toda vez que maltratamos ou excluímos os nossos pais e avós do seio da família?

E o que dizer do papel das mídias? A idade avançada é simplesmente malquista por elas? Na mídia, os rostos são jovens, as vozes são jovens, e tudo o mais é jovem! O que tanto vale para aqueles que nelas trabalham como para o público que as consome. Será que os velhos se comunicam tão mal a ponto de ser preferível colocar apenas os jovens no papel de comunicadores? A não ser que em função da sua própria imagem os velhos sejam incapazes de atingir o alvo! Principalmente o tão falado público com menos de 50 anos! Na sua maioria, as mídias cultivam a imagem de jovens que se dirigem a jovens. Não será isso um pouco anacrônico e estúpido demais neste nosso mundo que envelhece? Na realidade, essa estratégia não tem nada a ver com qualquer interesse comercial em termos de mercado, porque os idosos não precisam ser alvejados para se sentirem integrados de modo a reforçar com seu efetivo crescente a audiência jovem! Pode-se mesmo apostar que as dificuldades da educação nacional, como nos Jogos Olímpicos que a Europa tanto ama, são analisadas de acordo com a certeza de medalhas. Será que o público escolhe os programas em função de sua idade ou de seu gosto? Talvez com exceção dos musicais, não seriam esses programas em grande parte transgeracionais? A ausência de referências à idade, por não terem conseqüências sobre a audiência, não escapa à nossa apreensão (nos dois sentidos do termo) da velhice. Além de serem os grandes esquecidos pelas mídias, os idosos também são esquecidos pela sociedade. Pelo fato de nunca serem exibidos, de não representarem VISIVELMENTE papel algum e de não serem porta-voz, "porta-emoção", "porta-riso", "porta-esperança", "porta-cultura" (por fora das emissões consagradas à idade)... enfim, pelo fato de não fazerem parte, os idosos acabam sendo tratados como "corpos estranhos". Nós não os reconhecemos como sendo nós mesmos e por isso nos colocamos na defesa. Será que vamos ter que impor cotas de velhos nas mídias como foram impostas cotas de negros nos Estados Unidos (que aguardam as cotas das mulheres na política), para que a sociedade (enfim!) se apresente tal como ela é na sua diversidade de idade, sexo e cor? Quando se verá uma pessoa idosa apresentando um noticiário ou um programa de domingo? Aliás, a discriminação inversa, também infundada, seria reservar as missões (e emissões) mais nobres aos idosos!

A imprensa, esta não tem idade! Os seus autores têm um nome e a imagem deles é secundária. No entanto observa-se com freqüência que as fotos que ilustram as colunas dos jornalistas e colaboradores são "antedatadas" em alguns (dezenas) anos. As "velhas" fotografias são usadas para expressar a "juventude"! Na escrita, o *idadismo* está na escolha das palavras. As manchetes, como "O envelhecimento nos ameaça?", "A peste grisalha", "A maré dos senhores", "Aposentadoria: parcela de angústia" ou "Quem tem medo de uma França que envelhece?", não abalam a serenidade frente à idade, tanto a nossa como a dos outros? E os exemplos são numerosos, apesar de já terem aparecido algumas manchetes como "Envelhecer bem" e "Envelhecer de maneira saudável", que soam ainda um pouco falsas em meio a tantos discursos contrários que estimulam a raiva.

Mas os tempos já estão mudando e as mentalidades, também. A televisão consagra tardes temáticas à velhice, ao envelhecimento e aos velhos. As revistas ousam afirmar que há vida após os 50 anos de idade (e mesmo 60 anos) e que se pode ser avó ao mesmo tempo em que se é bela! Em contrapartida, assiste-se à lenta deriva de dois continentes: de um lado, os "velhos jovens" dinâmicos, sorridentes e... apresentáveis; do outro, os "velhos-velhos" decaídos e decrépitos, aqueles que assustam e que a gente esconde!

A PLURIATIVIDADE EM TODAS AS IDADES PARA SOCIABILIZAR

A pluriatividade em todas as idades, ou seja, a possibilidade de ter um papel na sociedade de acordo com a evolução das competências e não das idades, continuará sendo uma utopia, enquanto o trabalho permanecer como a única atividade humana capaz de trazer o reconhecimento social. Isso também significa dizer que é socialmente inútil investir-se nas aprendizagens (profissionais e outras), na educação das crianças, na caridade (o exercício gratuito da solidariedade) e, finalmente, em todas as atividades que contribuem para o crescimento pessoal. E significa acreditar que o crescimento coletivo não pode ser a soma dos crescimentos individuais. Em um século, o tempo das atividades prazerosas durante a vida ativa foi quadruplicada. Na França, a passagem de 39 para 35 horas semanais de trabalho acabou atribuindo (ou recebendo) férias de 24 dias suplementares. Segundo algumas projeções econômicas recentes, os ativos de 2040 terão 50 horas semanais de ócio criativo, ao passo que 300 horas anuais de trabalho serão suficientes para satisfazer as necessidades básicas. Diante disso, seria pouco dizer que o projeto de vida deve limitar-se ao exercício da profissão ou que o projeto da sociedade deve restringir-se à satisfação do estômago, mesmo que atualmente o emprego seja o maior problema a exigir soluções. Um outro mundo está a caminho, com novos e múltiplos valores sociais.

A nossa concepção das atividades "sociais" precisa evoluir com muita urgência, de modo que todo indivíduo integrado à sociedade tenha um papel e uma função que possa desenvolver com seus gostos, suas competências, suas aptidões físicas... A formação (profissional ou qualquer outra), o papel paterno, a solidariedade e as atividades esportivas e culturais deveriam ter um peso importante nas atividades sociais, em alternância com o exercício da profissão. A transformação da nossa sociedade linear, que faz progredir aprendizagens, atividades profissionais e aposentadorias sem possibilidade de retorno, para uma sociedade cíclica com as atividades encadeando-se em "elos", segundo a vontade e os meios de cada um e ao longo de toda existência válida, propiciaria uma divisão de tempo social para todos. Pode-se perceber com facilidade o interesse que cada um dos indivíduos encontraria no prolongamento e na diversidade dos tempos sociais, caso essas atividades fossem remuneradas, o que não seria impossível. Mas ainda falta avaliar as vantagens que resultariam disso para a sociedade.

Redução do número de desempregados? Nossa evolução demográfica prevê uma redução do desemprego a partir de 2010. O recuo da natalidade e o ingresso na aposentadoria de uma grande parte do *baby boom* poderiam mesmo acabar gerando uma penúria da mão-de-obra! De todo modo, ainda não chegamos lá e as soluções devem ser propostas às gerações que estão hoje no mercado de trabalho. A oferta de novas atividades remuneradas deverá reduzir o número de inativos, de desempregados e de aposentados compulsórios, diminuindo a remuneração da inatividade. Quanto à subvenção da formação profissional, sem pesar para o empregador e sem esperar a passagem pelo setor desemprego, ela contribuiria para a luta contra esse flagelo fazendo evoluir o trabalhador, independentemente de idade, na mesma velocidade do mercado — e das técnicas — de trabalho. Os efeitos do aumento dos salários são perversos para a velhice. Fragilizam os jovens adultos no momento em que suas necessidades ampliam com a criação dos filhos e tornam os assalariados que envelhecem tão onerosos, que os seus empregadores preferem dispensar seus serviços. As empresas transformando-se em quase monogeracionais (com a idade dos empregados entre 25 e 50 anos) não conseguem mais assegurar o nível constante da sua atividade: se os pedidos de aposentadoria são massivos e não progressivos, a rendição também será massiva e sem experiência. Enfim, já que a nossa sociedade essencialmente "salarial" agoniza, por que não estabelecer as fundações da sociedade "empreendedora" do amanhã? Os idosos podem ser ótimos promotores nesta tarefa, colocando seu capital, sua experiência e sua disponibilidade a serviço dos jovens empreendedores.

Reativar a natalidade? A remuneração dos casais é um excelente encorajamento para os nascimentos. O que já foi demonstrado na Suécia, onde o implemento desse sistema revelou um recorde de natalidade entre todos os países europeus: 2,1 filhos contra 1,7 na França e 1,2 na Itália... Sem esquecer o crescimento econômico que acompanha o rejuvenescimento das populações...!

Exercer a solidariedade? Considerar a solidariedade não mais como uma ocupação benéfica para os aposentados, mas como um exercício de retribuição do cidadão, ao qual ele pode se dedicar por um determinado tempo, em função de suas competências e aspirações. Novas formas de solidariedade ainda estão por serem inventadas no seio das famílias, das empresas e das coletividades, para haver uma transferência do saber-fazer e "poder-fazer" que animam os campos profissionais, escolares, esportivos, artísticos, domésticos... Novas formas de retribuição ainda estão por inventar! Do simples incentivo fiscal aos modelos mais originais. Já preocupados com o envelhecimento de sua sociedade, os japoneses estabeleceram um banco de tempo que contabiliza as horas passadas com assistência aos idosos, para creditar a seus autores uma assistência equivalente no futuro...! O ano de 1999 foi decretado pela ONU como o "ano internacional dos idosos" com o seguinte lema: uma sociedade para todas as idades. Coloquemos nossa imaginação e nossa vontade a serviço dessa ambição!

A AVÓ-EIXO

A avó-eixo nasceu dos ganhos de longevidade dos países ocidentais. A extensão da vida permite hoje, no momento em que as gerações se sucedem com muita rapidez (com um espaço aproximado de 25 anos), o encontro de quatro gerações no seio de uma mesma família e a coexistência de três gerações de adultos (onde duas estão aposentadas) com uma geração de crianças.

Com a idade de 60 anos, a avó-eixo ainda tem a mãe viva, uma senhora octogenária a quem ela assiste na sua vida cotidiana; ela é, evidentemente, mãe de sua filha, uma jovem quarentona que oscila em meio às dificuldades profissionais e pecuniárias e à educação dos filhos; ela também é avó dos seus netos, a mãe substituta em certas ocasiões e nas férias, e aquela que cuida dos resfriados e das otites. Ela é igualmente a mulher do seu marido, um recém-aposentado que descobre o tempo livre e quer que ela o compartilhe com ele. Filha, mãe, avó e esposa, tudo ao mesmo tempo: eis a avó-eixo!

Esta mulher foi nomeada como "eixo" porque ela é de fato um eixo em torno do qual a família se articula, e por ser uma pedra angular indispensável à solidez do edifício sobre o qual apóia-se cada um dos tijolos. Concentrada exclusivamente nos laços entre pais e filhos (a família dita "nuclear" omite tios, tias e primos...), a solidariedade familiar se exacerba. Na encruzilhada das gerações e liberada muito cedo das suas obrigações profissionais, a avó-eixo cuida dos ascendentes e dos descendentes.

Os senhores e as senhoras da atualidade vivem, portanto, uma situação inédita. Um novo contexto abrigando um certo número de gerações que se esbarram, mais comumente em número de quatro e algumas vezes em número de cinco ou de seis, e que coexistem durante um tempo considerável. Não se trata mais de um breve encontro, o tempo necessário para que as crianças sejam embaladas pelos joelhos dos avós, mas de uma coexistência cuja duração é de muitos anos. Outrora, o papel dos avós, breve e cumprido em condições físicas medíocres, não era exercido senão por uma minoria de adultos, eles mesmos órfãos por muito tempo. Hoje em dia 90% dos adultos aguardam a idade de se tornar avós, e 60 % entre eles ainda têm um dos pais, vivo. Espertos e saudáveis, eles acompanham o casamento dos filhos e mais tarde...

Antes de terem sido avós-eixo, essas moças e essas mulheres colheram as conquistas femininas: o direito de voto, o controle natal (contracepção e aborto), a autonomia financeira através do trabalho. Elas nunca seguem os modelos; elas se tornam modelos! E a coisa continua. A associação "As Cinqüentonas Jubilosas", criada para defender e promover o papel das mulheres depois dos 50 anos de idade, testemunha muito bem a energia inventiva desta geração! A avó-eixo inventa a solidariedade familiar em quatro estágios, uma solidariedade que antes dela jamais teve a oportunidade de se desenvolver.

Esta nova avó poderá ser, no entanto, perfeitamente efêmera. A sua existência não está ameaçada por um recuo da longevidade, mas pela tendência atual de se ter filhos cada vez mais tarde. A maternidade aos 40 anos não oferece muito futuro à coexistência de quatro gerações: 0-40-80-120! Com o aumento dos espaços entre as gerações, é provável que, ao atingir a condição de avó, a octogenária já tenha perdido a sua condição de filha. A avó não seria assim mais um eixo na encruzilhada das gerações e sim a representante mais antiga da cadeia. E por serem tardios, os avós do terceiro milênio correm o risco de parecer bisavós e, como tal, de compartilhar menos tempo e em pior estado a vida dos seus netos.

Uma última palavra para explicar a ausência da avó-eixo. A razão disso reside no menor investimento dos homens nas funções de apoio familiar, o que ocorre em qualquer idade. Esse investimento mais precário tem a ver com presença, escuta, cuidados... e não com afeição ou ajuda financeira. Com certeza!

Assegurar a integração social de todos? A integração social implica a ocupação de funções valorizadas no sentido social e financeiro. Valorização social porque os indivíduos tentam parecer com a imagem que a sociedade lhes dá. Valorização financeira porque sem recursos o indivíduo não pode ter uma verdadeira inserção social. Esta integração social nas funções remuneradas, livremente escolhidas por cada um e independentemente da idade, não seria a verdadeira garantia da paz social? Resta-nos perguntar se não seria legítimo relativizar o seu custo subtraindo-o da exclusão: custo do crescimento do desemprego, das aposentadorias e das suas conseqüências médicas, psicológicas e sociais.

Perfil... do Japão

Existe no Japão uma associação para o desenvolvimento do trabalho dos cidadãos idosos chamada PROFILE, que foi criada em 1978 com o incentivo do Ministério do Trabalho. O seu objetivo consiste em favorecer as pessoas idosas que desejam trabalhar, de modo a amenizar os efeitos nefastos da aposentadoria, principalmente sobre a saúde. Os níveis de intervenção do PROFILE são múltiplos, mas o essencial da sua ação concentra-se nos dirigentes das empresas. Após 1986, ocasião em que surgiu uma lei que favorece a manutenção do assalariado no seu posto, o PROFILE passou a beneficiar a colocação do "aposentado" ou a sua reconversão profissional. As motivações dos trabalhadores aposentados são de ordem econômica, mas eles também esperam que a atividade possa lhes trazer mais saúde, um lugar na vida, um interesse, um modo de vida mais de acordo com seus gostos... Os promotores desse projeto estimam que a coletividade venha a se beneficiar tanto quanto os indivíduos.

Reativar a economia? Aumentar o número de atividades remuneradas e, por conseguinte, do poder de compra é estimular o consumo, com todas as suas conseqüências positivas sobre o emprego.

Como se vê, tudo se interpenetra de modo recíproco! Uma outra utilização da ajuda pública e uma nova divisão do tempo social poderiam criar uma sociedade de cidadãos efetivamente livres e solidários. Mas para isso é preciso haver algumas subversões econômicas e demográficas neste início de milênio, de modo que as injustiças gritantes da nossa sociedade possam assumir uma amplitude que leve a uma tomada de consciência. Queremos acreditar que o respeito aos indivíduos motivará essas reformas, tanto quanto os balanços contábeis! Aliás, agora mesmo esses balanços já são uma razão suficiente para que se comece logo a trabalhar em prol de uma futura mudança de nossa sociedade. As pessoas "encostadas" (por motivo de idade, acidentes, desemprego...) representam hoje 51% da população francesa. Em 2030, elas chegarão a 70%.

PREVENÇÃO E CURA PARA TODAS AS IDADES... A TODO CUSTO!

Tradicionalmente, as sociedades investem naquilo que pode ser útil a elas, na ocorrência de crianças portadoras de futuro e nos adultos produtivos e portadores de filhos. Para esses grupos existe uma política de prevenção das doenças infecciosas (vacinação obrigatória) e uma política de combate às afecções crônicas (proteção materna e infantil, medicina escolar, medicina do trabalho). E quem diz política diz prestações gratuitas, sistemáticas e até mesmo obrigatórias, para que os beneficiários possam estar conscientes — ou não — dos riscos que teriam corrido sem a intervenção providencial do Estado. Mais além do trabalho deve haver medidas políticas de prevenção e de combate, e medidas de saúde "social e coletiva" para os velhos! Pois eles estão sempre se virando sozinhos! E tanto nesse domínio como em muitos outros o saber e o poder andam de mãos dadas. Aqueles que conhecem os "riscos" da velhice e a eficácia da prevenção preparam-se para um envelhecimento de melhor qualidade, ao contrário daqueles que esperam pelo aparecimento das doenças para só então se "tratarem". Sem vontade política de prevenção e de combate às doenças do envelhecimento, a sociedade negligencia o aprofundamento das desigualdades socioculturais frente à idade. É preciso, portanto, democratizar urgentemente a longevidade. A sociedade tem o dever de informar cada indivíduo e de assegurar a igualdade de todos face aos cuidados, sejam estes preventivos ou curativos. São as doenças, e não a pobreza ou a solidão, que precipitam os velhos nas instituições especializadas que eles tanto temem. São as doenças, e não a idade, que tornam tão dolorosas algumas velhices. Ora, as doenças podem ser prevenidas e assim nunca sobrevirem. Assim como também podem ser debeladas através dos tratamentos precoces que ampliam as chances de cura. Mas ainda se carece de conhecimentos que possam fazer com que o indivíduo não precise esperar o aparecimento dos sintomas graves, para só depois consultar um médico. É claro que as medidas preventivas generalizadas custam caro, talvez até mais caras que o tratamento das doenças que ainda não foram detectadas. Mas a ética não deveria vir na frente da contabilidade? A questão não é prolongar a vida a qualquer preço, mas fazer com que ela possa ser vivida no melhor estado de saúde possível, e com toda autonomia. Para atingir esse objetivo, as intervenções devem ser contínuas: promoção da saúde, prevenção das doenças, tratamento das doenças e responsabilidade diante dos empecilhos. A promoção da saúde é feita através de um vasto conjunto de medidas que mobilizam e sensibilizam o ambiente, o estilo de vida e o próprio indivíduo, com o objetivo de melhorar a qualidade de vida e a saúde de todos. Ela também pode atuar na luta contra as poluições (taxas especiais para as indústrias poluentes, campanhas de sensibilização, regulamentações diversas) e fazer campanhas em prol da segurança nas estradas ou da profilaxia das cáries. Mesmo que essas ações não visem especificamente aos idosos, no fim das contas serão eles que capitalizarão todos os benefícios. Dessa forma, o estímulo à escovação diária dos dentes, à aplicação de flúor e ao combate sistemático das cáries tem melhorado substancialmente o sorriso dos jovens adultos e, mais do que tudo, tem permitido a eles escapar da tão freqüente dentição precária quando ficam mais velhos.

Muitas vezes a promoção da saúde e a prevenção das doenças são sacrificadas no altar do "domínio das despesas com a saúde". Pois existem poucas evidências de que tais despesas tenham crescido em um século. No entanto é sempre um privilégio, uma oportunidade e um direito de qualquer país poder consagrar seus orçamentos importantes à saúde dos seus cidadãos. Não há país no mundo que seja obrigado a sentir vergonha ou culpa ou censura por gastar com a saúde. Afinal, quem pensaria em reclamar, por exemplo, do "plano das despesas com o transporte"? Acontece que o aumento do orçamento familiar e público remetido ao automóvel, às infra-estruturas rodoviárias e aos transportes aéreos e ferroviários tem proporções iguais ao aumento das despesas com a saúde. Em que aspectos umas seriam mais ou menos legítimas do que outras? É verdade que quem decide, ou seja, o pagador e o consumidor, não são os mesmos nos dois casos. Mas o fato é que a saúde ocupa o primeiro plano nas preocupações de 20% de todos nós (os que têm mais de 60 anos). E ela está longe de ser desdenhada pelas outras faixas etárias! Deve-se então aceitar que se consagre à saúde uma parte importante dos orçamentos coletivo e individual. Além disso, os tratamentos preventivos e curativos das doenças crônicas, incluindo a geriatria, também podem ser uma fonte de economia, caso os seus custos sejam inferiores aos gastos com as condutas paliativas prolongadas. A busca de novos tratamentos deve, portanto, intensificar-se, assim como o orçamento hospitalar dedicado aos idosos precisa alcançar o patamar dos outros setores (três médicos para 100 pacientes em cada unidade geriátrica, ao passo que a média hospitalar é de um para quatro). Talvez também seja preciso ampliar os recursos pessoais consagrados à saúde, pelo menos em relação aos problemas menores (não vamos nos esquecer que o orçamento familiar para a saúde é hoje três vezes inferior ao do carro). Mas talvez não se queira uma "racionalização" dos cuidados que esteja calcada no modelo britânico, não é o caso? Naquela região, que ainda está bem longe de falar em prevenção, o sistema recusa fazer substituição valvular em pessoas com mais de 80 anos (esse é só um exemplo entre muitos). Onde está a "razão", quando se sabe dos sofrimentos físicos e morais que uma pessoa passa ao terminar sua vida com uma insuficiência cardíaca? A idade da vítima desqualifica o crime daquele que toma a decisão. Não é mais a falta de assistência à pessoa que corre perigo e sim a "racionalidade" dos cuidados!

FINALMENTE, OS IDOSOS PODERÃO MUDAR A VELHICE!

A revolução também é esperada pelo alto da pirâmide! Os idosos não terão mais que se conformar com a imagem que a sociedade lhes imprime, pois a própria sociedade irá aderir à imagem que eles fazem — e dão! — de si mesmos! Quem melhor do que os velhos pode fazer a promoção de uma velhice tolerante e generosa, uma velhice rica de possibilidades e portadora de esperança?

Avançar em idade é uma experiência que, por ser bem-sucedida, deve ser preparada e investida ao longo da existência. O papel de cada um na qualidade do seu envelhecimento é, portanto, de suma importância. Vamos envelhecer tal como vivemos antes e continuamos a viver! Se aprendemos ao longo da vida a desenvolver — e a manter! — múltiplos interesses sob diferentes capacidades, a perda de uma dessas capacidades não será aniquilamento algum. O investimento em centros de interesses diferentes daqueles que abrigam as atividades profissionais pode propiciar uma "sobrevivência" mais fácil após a interrupção dessas atividades! Quando se praticam diferentes atividades físicas e intelectuais, sabendo-se conservá-las e adaptá-las a ambientes estimuladores, pode-se manter por longo tempo — quem sabe até para sempre — um espírito alegre e curioso num corpo que nunca deixa de "responder"!

LONGEVIDADE E CRIATIVIDADE

A idade não interdita a criação. Talvez ocorra mesmo o contrário. Nos domínios intelectuais e artísticos, muitas vezes as obras tardias superam as da juventude. Quando os criadores continuam animados pela mesma paixão e desobrigados de qualquer forma de fidelidade ao seu passado, eles permanecem criativos por toda a vida. Por vezes traídos pelos seus olhos, seus ouvidos, suas mãos ou pelo que for, os criadores se valem de subterfúgios para continuar sua obra. Longe de repetir a técnica adquirida no passado, eles enriquecem e abrem novos caminhos, liberados da influência dos seus mestres ou da imposição técnica da sua arte e da aceitação da opinião pública.

Aos 80 anos de idade, Goya, dois anos antes de sua morte, já surdo e quase cego, com o auxílio dos óculos pintou um quadro ao qual deu o nome de *Estou sempre aprendendo*. A pintura de Renoir e de Picasso evoluiu continuamente até o momento em que eles morreram, o primeiro com 72 e o segundo com 91 anos. Monet, operado de catarata aos 82 anos, trabalhou até a hora de sua morte (quatro anos após a operação), executando a série *Nymphéas* com liberdade e audácia extraordinárias. Impedida de bordar por causa de uma artrose nos dedos, aos 78 de idade Anna Mary Moses (vovó Moses) trocou a agulha pelo pincel. Ela morreu aos 101 anos, deixando uma obra primitiva e colorida que foi difundida internacionalmente. Verdi compôs as suas últimas óperas aos 73 anos *(Otelo)* e aos 80 *(Falstaff)*. O pianista e compositor Liszt seguiu produzindo até duas semanas antes de sua morte (76 anos). Rubinstein foi ovacionado aos 89 anos pelo público de Nova York, após um recital executado inteiramente de memória, pois na época ele estava praticamente cego e já não conseguia ler as partituras nem enxergar as teclas do piano. Se a escritura romanesca resiste com dificuldade à serenidade da idade (ela se nutre melhor das revoltas e paixões da juventude), isso não quer dizer que não haja um grande número de escritores que escreveram obras memoráveis na velhice: Voltaire, Goethe, Chateaubriand, Vitor Hugo... Somente os cientistas parecem perder a capacidade de invenção com a idade. Na maioria das vezes, suas descobertas demandam uma nova visão e uma cultura em dia com a marcha dos conhecimentos. A retrospectiva não consegue trazer qualquer ajuda a um universo que evolui tão rapidamente. Assim como é igualmente difícil para os pesquisadores idosos liberar o pensamento do peso dos seus trabalhos anteriores. Mas existem exceções: Galileu, Buffon, Franklin, Pavlov... Por fim, temos que citar Maurice Chevalier e Charles Trénet, que se mantiveram em cena até os 68 anos de idade; Sarah Bernhardt, que mesmo idosa continuou representando Athalie com um charme inigualável; Denise Grey, que viveu 99 anos e jamais aposentou a sua arte e o seu talento; Tsilla Chelton, e muitos outros...

Tornar-se velho não é sofrer o envelhecimento é se enriquecer! Não é temer o envelhecimento e sim, depois de tê-lo previsto, melhor controlá-lo, compensá-lo, organizá-lo; enfim, vivê-lo e utilizá-lo da melhor maneira possível! É, portanto, torná-lo um exemplo. Envelhecer é uma experiência insubstituível e até mesmo indispensável ao desenvolvimento de qualquer pessoa: é o tempo de aceitar sua identidade e sua existência pessoal, com seus sucessos e seus fracassos; é talvez o tempo de se estar em harmonia consigo mesmo e com os outros; e é sempre um tempo para "crescer" e desejar.

Envelhecer bem é completar esse feito e dar de si uma imagem com a qual qualquer um gostaria de se identificar. Longe de ser uma experiência repulsiva, a velhice torna-se modelo e encarna a esperança. Então, que a sociedade passe a dar valor à riqueza humana acumulada pelos idosos e que também dê a eles o lugar que merecem! A sociedade só tem a ganhar com a experiência, a indulgência e a generosidade dos idosos, além de ter muito a aprender com eles sobre o sentido da vida.

A ESTRADA É LONGA!

Longo é o caminho que resta a percorrer! Foi realizado um estudo em sete países europeus com o intuito de comparar a ação dos diferentes governos confrontados não apenas com o problema da longevidade, mas também com a questão que ela coloca. E esse estudo mostrou a existência de uma célula ministerial centralizadora de todas as informações demográficas, científicas, sociais etc., a evolução quantitativa e qualitativa das estruturas assistenciais, as medidas de financiamento e de controle das despesas, as medidas educativas, os incentivos à pesquisa... Os países foram classificados de acordo com o seu histórico e a qualidade das suas reformas; nesta classificação, a França partilha a lanterna vermelha com a Itália e a Suíça (3/10), ficando atrás da Alemanha e da Grã-Bretanha (5/10), e os primeiros lugares ficaram com Dinamarca e Holanda (7/10). Os dados dispensam comentários!

A longevidade para cada um!

Tal como um credo, eis o verso extraído de um poema de Eugène Bizeau, escrito quando ele tinha 99 anos de idade:

Vou ficar de pé até o fim do livro!

O QUE OS HOMENS QUEREM?
NA FALTA DE IMORTALIDADE, JUVENTUDE!

O homem é mortal! Graças a Deus! E se ele fosse imortal? Sua vida seria um inferno! Vamos supor que somos como um vaso de cristal ou uma estatueta de porcelana requintada. Abrigados dos choques, esses objetos não envelhecem. Em 100 anos, mil anos, o vaso e a estatueta estarão intactos, sem o menor sinal de avaria. Nenhuma expectativa de destruição, a não ser por acidente! Aliás, é por isso que os serviços de mesa mais soberbos ficam guardados em cristaleiras! Também por isso, quando se tem acesso a uma duração de vida mais longa, o que se torna cada vez mais viável para um número crescente de contemporâneos, a morte passa a ser temida de maneira mais estúpida. Morrer esmagado por um ônibus ao atravessar a rua sem olhar para os lados, quando se pensava viver uns 100 anos, que maçada! No tempo em que a morte era comum em todas as idades, ela simplesmente fazia parte das contingências da vida. Basta reler Alexandre Dumas para ver que no tempo dos mosqueteiros dava-se pouco-caso à própria vida e à dos outros. Pelos olhos de uma bela dama ou mesmo por uma palavra maldosa, um suspiro incontido e apaixonado ou um lencinho bordado, dois homens batiam-se em duelo e um deles morria. No faroeste encontramos o mesmo descaso com a morte. Ainda que estejamos bem distantes desse excesso, o fato de sabermos que mesmo tardia a morte existe e que estamos destinados a desaparecer também nos dá a pequena dose de audácia que apimenta a vida. Caso contrário, talvez estivéssemos dentro de uma cristaleira! Além disso, se a imortalidade fosse possível, ela também correria um grande risco de ser tomada por todos os estigmas do envelhecimento, e por muito tempo. A juventude não seria mais do que um breve episódio da vida, rapidamente esquecido ou, pior, eternamente lamentado.

MELHOR ESTAR MORTO DO QUE SER UM STRULDBRUGG!

Longe de ser apenas um divertimento para crianças, o livro *As viagens de Gulliver* faz uma crítica mordaz à intolerante, corrompida e opressiva Inglaterra do século XVIII. As transposições dessa crítica para o mundo imaginário não atenuaram a violência do seu tiro! Com os Struldbruggs, Swift descreve a decrepitude de uma certa velhice, as condições de vida dos anciãos e o comportamento da sociedade em relação a eles.

Os Struldbruggs são seres imortais. Uma imortalidade materializada desde o nascimento por uma mancha na testa que atinge aleatoriamente alguns membros da comunidade dos Luggnaggianos. Os Struldbruggs envelhecem normalmente e permanecem eternamente com aparência de nonagenários: "*As suas enfermidades não evoluem. Eles não ficam nem melhores nem piores. Eles acumulam todas as enfermidades físicas e mentais dos velhos, além de infinitas outras que surgem da perspectiva atroz de jamais morrer... Teimosos, rabugentos, ambiciosos, suscetíveis, vaidosos, falastrões, incapazes de qualquer amizade e até mesmo de afeição por seus descendentes, os quais eles perdem de vista após a segunda geração... Eles têm duas paixões dominantes: a inveja (eles são privados dos prazeres da juventude) e os desejos reprimidos (a morte natural dos velhos que lhes é interdita).*" Aos 80 anos, os Struldbruggs são considerados como civilmente mortos. Os seus casamentos são desfeitos (para evitar o acúmulo do peso dos anos e o fardo às esposas) e os seus bens são transmitidos aos herdeiros. Enfim, para não virar um peso, *o Struldbrugg não passa de uma pessoa que não fede nem cheira.*

Eis como arrefecer os desejos de imortalidade e apreender o sentido da velhice com alguns cuidados. Swift elabora uma lista de suas resoluções "para quando eu ficar velho":

- *Não casar com uma mulher nova.*
- *Não freqüentar as pessoas jovens sem que elas o desejem.*
- *Não ser enfadonho, nem carrancudo nem desconfiado.*
- *Não desprezar o presente e suas maneiras de ser, nem seu espírito, seus modos, seus homens, suas guerras etc.*
- *Amar os filhos.*
- *Não viver repetindo a mesma história para os jovens.*
- *Não ser extremamente ambicioso.*
- *Não negligenciar a decência e o asseio e ter cuidado para não se tornar asqueroso.*

- *Não ser muito severo com os mais jovens e não tripudiar suas infantilidades e fraquezas.*
- *Não ser muito pródigo nos conselhos e dá-los apenas para quem os queira.*
- *Pedir a um bom amigo para avisar quando algumas dessas resoluções forem violadas ou negligenciadas.*
- *Não falar demais, sobretudo de si próprio.*
- *Não se vangloriar da beleza passada, nem da força nem do sucesso com as mulheres.*
- *Não dar ouvidos a bajulações, nem se gabar de que pode ser amado por uma mocinha et eos qui hoereditaten captant, odisse ac vitare (odiar e evitar aqueles que poderão apropriar-se da sua herança).*
- *Não ser cortante nem teimoso nas opiniões.*
- *Não se preocupar em cumprir todas essas regras pelo temor de que algumas delas não sejam cumpridas!*

Em suma, a imortalidade não foi feita para o homem, este mesmo que se acomoda na... espiritualidade! Afinal, seus filhos e os filhos dos seus filhos já representam uma forma de eternidade temporal, mesmo com o capital genético misturando-se com o de um outro "clã" a cada geração. Cada um de nós será assim portador, e "transmissor", de moléculas de quatro bilhões de anos.

Mesmo quando aceita sua condição mortal, dificilmente o homem resigna-se com o envelhecimento. Desde que o mundo é mundo, ele luta contra os estigmas do tempo que passa! Já se tendo dado um nome a esta pesquisa, deve-se falar agora em ciência: a gerocomia. Nela, só mudam as "receitas". Já foram prescritos o ouro e alguns "fluidos" — sopro, sangue, leite, extratos testiculares —, sob a forma de inalação, ingestão, injeção e enxerto, que teriam que ser de origem animal (uma jovem virgem, um gladiador, uma mula, um cão, um macaco, um bode...) e com doadores... jovens! Os fermentos lácteos também tiveram o seu momento de glória, para desafogar o intestino das toxinas acumuladas (Élie Metchnikoff, 1845-1916), sem esquecer as diversas vitaminas e sais minerais (Pincus, 1960), as terapias celulares helvéticas (injeções de células novas do embrião do cordeiro) e o Gerovital romeno (um coquetel mais ou menos anestesiante para ajudar a suportar sua condição).

Atualmente, a busca da juventude prolongada — já que ela não é eterna — carrega os formidáveis progressos registrados no conhecimento dos mecanismos íntimos do envelhecimento. A gerontologia experimental apóia-se enormemente na biologia quando identifica os fatores que determinam a longevidade e o envelhecimento, tanto da espécie como do indivíduo. Só se pode opor uma resistência eficaz àquilo que se conhece! Mas, por ser necessária, esta condição não é suficiente! A identificação dos referidos fatores não é mais do que uma prévia à neutralização desses mesmos fatores, se é que isso é possível.

As pistas da pesquisa são hoje tão numerosas que surge a pergunta de como a velhice poderá resistir aos assaltos!

Frear o envelhecimento fisiológico pode ser visto de três maneiras: suprimir os fatores que o aceleram (a Palice, ou gravidez indesejada, adoraria!), compensar as variações biológicas que o acompanham e "retificar" os genes que comandam (ou não impedem) as disfunções.

SUPRIMIR OS ACELERADORES DA IDADE!

As calorias estão entre os aceleradores do envelhecimento. Assim, certas espécies de peixes vivem duas vezes mais quando a temperatura do aquário baixa em cinco graus. Na idade de dois meses, as moscas criadas sob a temperatura de 29° morrem, ao passo que as outras, criadas a 15°, continuam se reproduzindo. Ai de nós que não temos, muito, a esperar de tais descobertas, pois, ao contrário do que ocorre com as outras espécies, a temperatura interna do homem não é sensível à do seu ambiente. Em troca, e sempre no registro das calorias, na falta da possibilidade de sermos esfriados, podemos deixar de ser alimentados! Já foi demonstrado que o regime alimentar equilibrado, mas pobre em calorias, prolonga a vida dos roedores (ratos e camundongos) na metade, algumas vezes atingindo recordes (o equivalente a 150 anos humanos) e com uma incidência menor de doenças e de formação de tumores. Para ser eficaz, essa restrição calórica deve ser drástica: uma autêntica subnutrição, embora compatível com a saúde e diferente da má nutrição que associa o desequilíbrio qualitativo à insuficiência quantitativa. O professor Roy Walford (1990) foi um dos primeiros a aplicar no homem o princípio da restrição calórica, notadamente no curso da experiência Biosfera II.

Como se explicam esses fenômenos? A subnutrição e o abaixamento da temperatura têm como efeito comum frear o metabolismo. A vida decorre "devagar" com a diminuição do consumo de oxigênio, pois produz uma quantidade menor de radicais livres. Há um retardamento da velhice e da morte, porque o "déficit" de radicais livres poupa os seus alvos preferidos: as membranas celulares, as proteínas e os ácidos nucléicos que formam o genoma.

Já foi demonstrado que a longevidade de uma dada espécie está em relação direta com a eficiência dos seus sistemas antioxidantes. Frear a produção dos radicais livres seria então um meio voluntário de chegar ao mesmo resultado. Retardar o ataque radicular — reduzindo pela metade os agentes calóricos — prolongaria a vida em dez anos, em média (um equivalente humano). O consumo de antioxidantes (vitaminas E, C, A, oligoelementos) não retarda o ataque radicular, mas ajuda a neutralizar os seus efeitos. Em termos de longevidade, os resultados não são inferiores aos da restrição calórica, pois o poder antioxidante dos tecidos geneticamente determinados mantém-se em um nível estável, graças aos processos de regulamentação que compensam a variabilidade dos agentes vitamínicos alimentares.

A responsabilidade dos radicais livres no envelhecimento é perfeitamente ilustrada pelos efeitos do sol sobre o envelhecimento cutâneo. Os radicais livres produzidos no decorrer da absorção dos raios ultravioleta danificam o DNA das células cutâneas, sem chance de qualquer reparo. As células acabam provocando o câncer ou então o envelhecimento. No melhor dos casos (o envelhecimento), as células perdem as suas funções: proteção, respiração, transpiração. As sínteses de colágeno e de elastina são retardadas, ao passo que a degradação é acelerada: desidratação e perda da elasticidade. As células superficiais se renovam mais lentamente e se queratinizam: rugosidade. As células pigmentárias deixam de migrar e aglutinam-se para formar manchas marrons. Atrofiada, ressequida, enrugada, manchada: pele envelhecida ou bronzeada? Considera-se que o envelhecimento da pele deve-se em 90% aos efeitos do sol. Somente 10% resultariam no envelhecimento fisiológico, intrínseco.

Um outro efeito da subnutrição e do frio é o retardamento do crescimento e da reprodução. Sabe-se que existe uma correlação entre a longevidade das espécies e a idade em que elas atingem a maturidade sexual. Já foi demonstrado que o aceleramento da maturidade sexual abrevia a existência. Os hormônios liberados teriam efeitos secundários nefastos em longo prazo? Retardar o momento do seu aparecimento, com a desaceleração do seu crescimento, seria então um meio de retardar o envelhecimento. As taxas de crescimento e de longevidade podem revelar a expressão dos mesmos genes.

Envelhecer mais tarde e menos rapidamente, mas com um tipo de vida amortecida, faminta ou sexualmente imatura, é uma perspectiva pouco reconfortante que, aliás (ainda), não demonstrou ser eficaz para o homem! Os voluntários devem ser raros! Mas, na impossibilidade de congelar o tempo, pode-se ao menos não acelerá-lo com sol, estresse e fumo! Voltaremos a falar disso mais adiante.

COMPENSAR AS VARIAÇÕES BIOLÓGICAS DA IDADE!

Uma característica biológica do envelhecimento é a diminuição de certas produções hormonais. E, de todas as baixas registradas, as que mais estão correlacionadas com a idade dizem respeito ao hormônio de crescimento, a melatonina, aos hormônios sexuais (testosterona e estrogênio) e a um dos seus precursores de origem supra-renal, a célebre DHEA (deidroepiandrosterona). A DHEA é o marcador mais notável do tempo biológico. Com o decorrer da idade, o decréscimo das suas taxas atinge, aos 70 anos, 80% a 90%. Daí a imaginar que a manutenção das concentrações em um nível próximo ao do jovem adulto seria fonte de juventude foi um passo!

Com o objetivo perseguido não sendo mais a juventude eterna, mas o envelhecimento com o melhor estado de saúde possível, as pesquisas procuram verificar se esses tratamentos impedem ou retardam as mudanças fisiológicas ligadas à idade, na sua maioria relacionadas com o surgimento de doenças ou de complicações: osteoporose, arteriosclerose, enrijecimento muscular e desordens imunológicas. Os trabalhos já estão em curso, em nível internacional, com os primeiros resultados promissores.

O hormônio do crescimento aumenta a massa muscular (à custa da massa de gordura) e a densidade das vértebras. Esse resultado equivaleria a um rejuvenescimento ósseo e muscular de mais de dez anos. Os estrógenos, que têm formalmente demonstrado a sua eficácia na prevenção da osteoporose feminina, poderiam também surtir efeitos benéficos sobre a memória e a prevenção das doenças cardiovasculares. A DHEA melhora a sensação de bem-estar de maneira extraordinária e possui uma ação benéfica sobre certas funções imunológicas. Os músculos, os ossos, a pele e as paredes arteriais seriam igualmente "reforçados" pela DHEA. A melatonina poderia restabelecer os ritmos biológicos que a idade perturba, principalmente os do sono.

Antes de produzir medicamentos a partir dessas substâncias naturais (porque secretadas pelo organismo), convém verificar o interesse de sua prescrição no decorrer do envelhecimento normal e a sua perfeita inocuidade, já que os tratamentos podem ser prolongados! Considerando que o que é natural não pode ser perigoso, nos Estados Unidos o acesso a DHEA, a melatonina, às vitaminas e aos complementos alimentares é inteiramente livre. No entanto modificar as taxas de uma substância, por mais natural que ela seja, não significa eliminar as conseqüências. Será que as sérias complicações oculares provocadas pela oxigenoterapia aplicada nos bebês prematuros já foram esquecidas? O hormônio do crescimento é suscetível de interferir no metabolismo dos glicídios (diabete) e de favorecer ou induzir as proliferações celulares (cânceres) — apenas em teoria, por isso é indispensável uma verificação. Por ser precursora dos hormônios sexuais, a DHEA poderia compartilhar com eles a indução de tumores do seio ou da próstata. Enfim, pela falta de pesquisas, ainda não sabemos nada sobre a utilização da melatonina, em longo prazo.

Se for provado que esses medicamentos combatem o envelhecimento FISIOLÓGICO, opondo-se a um certo declínio funcional, eles serão utilmente associados às medidas indispensáveis de prevenção do envelhecimento PATOLÓGICO, o único que realmente onera o futuro das pessoas idosas.

RETIFICAR OS "MAUS" GENES!

Ao longo de milhares e milhares de anos, a longevidade máxima da espécie humana "teve" um alongamento excepcional na história da evolução. Talvez esse fenômeno tenha resultado da mutação dos genes implicados na longevidade, mutações decorrentes da seleção dos indivíduos que os portavam. Conhecendo-se o tempo tomado por essa evolução e a rapidez da mutação dos genes, pode-se concluir que as modificações dizem respeito a menos de 1% do DNA total. Os genes reguladores da longevidade são tão pouco numerosos que praticamente colocam a terapia gênica da imortalidade à nossa porta!

A identificação dos genes implicados na longevidade deverá estar completada em uma dezena de anos. Considera-se hoje que esses genes são de três tipos:

• Os genes que codificam para as doenças tardias afetam com muita evidência a qualidade do envelhecimento e da longevidade daqueles que os portam. Esses genes não foram eliminados no curso da evolução porque eles só se tornam "visíveis" depois da reprodução, quando as forças da seleção natural não são mais exercidas. Foram identificados mais de uma vintena de genes que comandam o desenvolvimento dos tumores. Silenciosos durante muito tempo, eles podem ser ativados por numerosos fatores químicos e físicos, como os radicais livres.

• Os genes "dr. Jekyll" e "sr. Hyde", que inicialmente comandam os benefícios úteis à reprodução e que depois tornam-se deletérios e precipitam o homem na direção do seu fim. Longe de serem eliminados, esses genes foram selecionados pela vantagem inicial que conferem aos seus portadores. São eles que poderiam explicar a correlação entre a precocidade da maturidade sexual (vantagem para a espécie) e a precocidade do envelhecimento (inconveniente para o indivíduo).

• Os genes de "manutenção", que determinam a aptidão das células em resistir ou reparar as agressões do metabolismo normal. A despeito do seu custo energético, essa manutenção é assegurada quando o objetivo é a reprodução e negligenciada quando o objetivo não é mais do que a sobrevivência. Os genes de manutenção codificam para a reparação do DNA, a síntese das enzimas antioxidantes, a inibição dos tumores etc.

A terapia gênica consiste em trocar um gene defeituoso por um gene normal. Os genes são simples seqüências de nucleotídeos arranjados em uma ordem precisa. A dificuldade está em identificá-los (natureza e função) no genoma completo. Feito isso, é relativamente fácil copiá-los, por síntese química. Para integrar o novo gene ao DNA das células que se quer modificar, costuma-se recorrer a retrovírus perfeitamente inofensivos mas suscetíveis de "infectar" essas células. Os retrovírus têm a propriedade de se fundir no DNA das células que eles infectam, de modo que basta introduzir o gene no DNA dos retrovírus para que eles inoculem o das células-alvo.

A terapia gênica é, portanto, tecnicamente entrevista quando os "defeitos" a corrigir estão determinados. É o caso de certas doenças genéticas devidas a um déficit enzimático preciso: uma vez identificado o gene que comanda a síntese da enzima, basta inoculá-lo no DNA das células responsáveis por essa fabricação. A terapia gênica poderia assim beneficiar o envelhecimento. Os trabalhos mais avançados dizem respeito aos genes de manutenção. Os primeiros animais transgênicos (moscas) receberam cópias suplementares dos genes codificados para as duas principais enzimas antioxidantes. A longevidade média das moscas aumentou em 10%. O gene que comanda a síntese da enzima de reparo do DNA (a telomerase) também está sendo pesquisado. As células naturalmente providas dessa enzima que protege as extremidades dos cromossomos são células imortais. Clonar o gene que comanda a síntese de telomerase, para introduzi-lo nas células que não o possuem, provoca a duplicação da vida dessas células e a conservação de uma morfologia e um comportamento de células jovens. Um resultado particularmente interessante quando se pensa que as células naturalmente imortais são as células cancerígenas. Convém, portanto, assegurar que a telomerase e o câncer não andem sistematicamente juntos. Feito isso, deve-se ainda verificar se o aumento da longevidade das células também aumenta a longevidade do indivíduo, por inteiro!

O QUE OS HOMENS PODEM!

A primeira questão é antes de tudo a seguinte: o que devo fazer para viver como velho? A primeira resposta que vem à mente também é muito simples: se você continuar fazendo como tem feito, certamente chegará lá... Mas bem que você poderia fazer melhor!

A longevidade humana segue uma evolução que nos faz pensar que estamos no caminho certo. E se às vezes erramos o tiro, isso se dá da mesma forma que *monsieur* Jourdain errou na prosa! Mas o fato é que estamos em vias de realizar ao mesmo tempo o velho sonho da humanidade, a profecia de Isaías e o voto de Fausto. E não contentes de termos uma vida longa, também temos uma juventude que se alonga! A velhice era ontem tão precoce que viver significava envelhecer e (quase) nada mais. Quando Ronsard consagrou diversos poemas ao tempo que passa e neles queixou-se de estar velho e decrépito, ele não tinha mais do que 37 anos! A mulher de 30 anos de Balzac já estava acabada, esgotada e usada. Hoje ela é quase uma mocinha e na maioria das vezes ainda não é mãe: os filhos ficam para mais tarde! A idade canônica (40 anos) era a idade que as mulheres deviam ter para servir aos padres. Nesta idade mais do que respeitável, a mulher era incapaz de inspirar qualquer desejo. O direito canônico achava que ela não corria riscos, assim como não colocava em risco o padre a quem servia! Se o julgamento é feito de acordo com as revistas femininas, temos que admitir que os tempos mudaram! E as mulheres com 40 anos de idade de agora são tão atraentes, que nos perguntamos se os critérios de recrutamento do serviço religioso também mudaram.

Independentemente da idade que se tenha, todo mundo sabe que existe um longo trajeto a percorrer e que não se corre uma maratona como se fossem 100 metros. Cada geração é mais informada e mais receptiva do que a precedente quanto ao *remanejamento* da sua saúde. E as campanhas de sensibilização têm um impacto que cresce especialmente com a idade do público. Ao longo de uma existência que tem 90% de chances de ser longa, a saúde deve ser gerida como um capital. Esta tomada de consciência não deveria suscitar angústias particulares. Pois se cada um de nós pode otimizar o seu capital de saúde, nós todos também podemos agradecer ao céu por não termos nascido há dois ou três séculos atrás. Temos agora, como jamais se tiveram antes, as melhores condições para envelhecer muito e bem. Quanto mais o tempo passa, mais lentamente escorre a ampulheta, a não ser que no início a quantidade de areia seja mais e mais importante, ou ainda que os seus níveis sejam refeitos no curso da rota!

Os principais fatores do mau envelhecimento (aquele que transforma o envelhecimento fisiológico em envelhecimento patológico) podem ser identificados na sua maioria: pobreza, baixo nível sociocultural, males físicos, incapacidades, tabagismo, alcoolismo, alimentação imprópria ou desequilibrada, inatividade física e cerebral, assistência médica insuficiente, solidão... Estes são os fatores sobre os quais a sociedade pode atuar, mas não somente ela! Através de suas escolhas, o indivíduo também pode modificar a si mesmo no transcorrer da sua existência. O desafio da longevidade demanda uma verdadeira e dupla tomada de consciência: nossa escala de tempo mudou e nossa existência promete ser duradoura; a vitalidade dos anos ganhos está em nossas mãos e também nas dos nossos médicos, de hoje para amanhã... ou depois de amanhã!

Passamos de uma medicina da sobrevivência (que caminhava junto a uma sociedade também de sobrevivência) para uma medicina da qualidade de vida na qual o valor do cotidiano nos seus mínimos detalhes tem tanto ou mais peso do que a promessa de ganhar alguns anos suplementares, uma perspectiva assaz sedutora e cada vez mais assegurada a um grande número de pessoas. Não é de hoje que as autoridades têm denegrido esse tipo de medicina, chamando-a de "luxo" e "supérflua". Mas ela é justamente aquilo por que tanto ansiamos. Os medicamentos tidos como "de conforto" são evidentemente medicamentos do futuro. Na certeza de viver por muito tempo, todos nós queremos legitimamente viver bem, a partir de agora e a perder de vista. Por que deveríamos aceitar os "pequenos" aborrecimentos cotidianos que envenenam a existência, se existem as soluções terapêuticas? Por que eles já não nos matam?

A longevidade é uma questão de fôlego que se constrói ao longo da existência. Há uma dimensão individual e uma dimensão coletiva nisso que pode e deve ser assumido para prolongar a vida e aumentá-la em qualidade. A pesquisa científica tem a responsabilidade de identificar os mecanismos do envelhecimento e as causas das doenças ligadas à idade. Ora, os esforços da pesquisa especificamente consagrados à gerontologia (os créditos, o número de publicações e de congressos, o corpo de pesquisadores que trabalham nesta área...) são ainda bem modestos, comparados aos que são investidos em outros domínios, como o das doenças cardiovasculares, dos cânceres ou, mais recentemente, das neurociências. Cedo ou tarde, certamente essas pesquisas acabam beneficiando as pessoas idosas, mas o fato é que elas não se destinam a resolver seus problemas específicos.

GERONTOLOGIA E GERIATRIA: DUAS ESCOLAS DE PACIÊNCIA

GERONTOLOGIA OU GERIATRIA?

A distinção entre gerontologia e geriatria ainda não está muito clara. Charcot, o famoso médico da Salpêtrière, em Paris, estabelecia em 1886 os princípios fundadores da geriatria, com uma extraordinária clarividência:

• Especificidade das doenças e dos tratamentos para as pessoas idosas: ...*A importância de um estudo especial das doenças dos velhos não seria contestada hoje. Se concordamos em reconhecer que a patologia da infância realmente se presta a considerações clínicas de ordem especial..., temos de concordar que a patologia senil também apresenta dificuldades que não podem ser mais negligenciadas em nome de uma longa experiência ou de um conhecimento profundo de suas características particulares... Esta parte tão interessante da medicina foi por muito tempo negligenciada e somente agora ela conquista a sua autonomia... A maior parte das obras médicas do século passado que se remetem à idade senil de um modo especial tem um cunho, sobretudo, literário ou filosófico...*
• Reconhecimento do envelhecimento fisiológico e patológico: ... *Existe uma tendência manifesta de tanto quanto possível relacionar as particularidades que distinguem as doenças da idade senil às modificações anatômicas ou fisiológicas que o organismo sofre com a velhice... As mudanças de textura que a velhice imprime ao organismo por vezes revelam-se a um tal grau, que o estado fisiológico e o estado patológico parecem confundir-se em transições insensíveis de maneira a não mais serem nitidamente distinguidos...*

• Reconhecimento do envelhecimento "em peças separadas" e da reserva fisiológica: ... *Se a velhice enfraquece a maior parte das nossas funções, ela está longe de paralisar todas as funções; uma observação rigorosa nos mostra que sob certas relações os órgãos dos velhos dão conta de suas tarefas com uma energia igual à do adulto...*

A *geriatria* é para os (muito) velhos aquilo que a pediatria é para os (muito) jovens: uma medicina que primeiramente visa prevenir, combater e tratar as doenças; dos idosos, no primeiro caso, e das crianças, no segundo, o que supõe que uma e outra tenham particularidades que justifiquem a especialização dos médicos. Entre os pediatras e os geriatras podia haver os "mediatras", médicos para adultos em plena força da idade. Mas os adultos quase não ficam doentes, pelo menos por muito tempo. Os ginecologistas que acompanham as mulheres ao longo de sua vida genital (e às vezes até um pouco depois) são uma espécie de "mediatras".

A *gerontologia* é uma ciência muito mais ampla que se interessa pelos aspectos biológicos, psicológicos, médicos e sociais do envelhecimento e da longevidade. O primeiro a propor o termo foi Élie Metchnikoff, o sucessor de Louis Pasteur. Sobre o assunto, ele escreve: "Eu penso que é mais do que provável que o estudo científico da velhice e da morte, dois ramos científicos que poderiam ser respectivamente chamados de gerontologia e tanatologia, traz grandes mudanças para o último período da vida." A biologia estuda a vida por inteiro, desdobrando-a minuciosamente: das frações do átomo (como os famosos radicais livres) ao organismo como um todo, passando pelas moléculas, pelas membranas, pelos corpúsculos celulares, pelas células, pelos tecidos, pelos órgãos e pelos sistemas que constituem o ser vivo, da mosca ao elefante, sem esquecer, é claro, do homem. A biologia "toca" em (quase) tudo. A biologia "gerontológica" analisa as manifestações biológicas do envelhecimento, sejam elas causas ou conseqüências, moleculares ou teciduais. A psicologia estuda os fatos psíquicos e os comportamentos. No contexto da gerontologia, ela se interessa pelas emoções, pelos sentimentos dos idosos, pela forma que os idosos encaram o envelhecimento e por todos os comportamentos individuais ou coletivos que ele provoca. As ciências sociais estudam fenômenos como a viuvez, o impacto da aposentadoria, a evolução das estruturas familiares, os laços entre as gerações, as reações da sociedade frente ao seu envelhecimento etc. Na gerontologia, as ciências médicas recobrem globalmente o campo da geriatria, enfatizando principalmente a dimensão preventiva. A gerontologia encontra-se então numa encruzilhada, ou no ponto de restabelecimento de diversas disciplinas bastante diferentes.

As medidas especialmente preventivas e suscetíveis de melhorar a saúde dos idosos ainda estão longe de ser todas conhecidas e aplicáveis. A gerontologia é assim uma ciência balbuciante na qual ainda não foram explorados todos os domínios. Mesmo porque ainda não conseguimos identificar o conjunto de fatores que comprometem o envelhecimento. E por mais certas que sejam as soluções terapêuticas propostas, a sua eficácia ainda está por ser verificada. Antes de propor e de promover soluções em grande escala, particularmente quando elas visam reduzir este ou aquele fator de risco, é necessário controlar formalmente a sua eficácia. Não é certo que a redução de um fator de risco acarrete automaticamente uma baixa da afecção em questão (baixa de freqüência ou de gravidade). Por serem eficazes, algumas dessas medidas devem ser aplicadas na vida humana o mais cedo possível, de modo que no período da velhice o indivíduo se beneficie com os esforços empregados e colha o resultado das suas escolhas. Pode-se imaginar com facilidade o tempo que será preciso para fazer a avaliação científica de um tratamento, quando sua eficácia é medida 30 anos após sua instauração! Desse modo, para o paciente envolvido na descoberta do tratamento, pode ser muito tarde. A prevenção pode não ser mais possível, porque teria que ser iniciada mais cedo. É o caso, por exemplo, da broncopneumopatia crônica obstrutiva, causa muito freqüente de bronquites e enfisemas nos idosos, que poderia ser prevenida por um melhor tratamento das afecções respiratórias na juventude.

A epidemiologia da longevidade é uma das mais frustrantes, porque, por definição, os períodos de vigilância são muito longos e a verificação das numerosas hipóteses nascidas dos avanços científicos demanda toda uma vida! Existem dois métodos para conduzir esses estudos: retrospectivo e interventivo. Se pesquisarmos, retrospectivamente, as diferenças comportamentais ou biológicas existentes entre dois grupos de pessoas — com um deles tendo vivido mais tempo, e o outro, menos — que poderiam explicar a variação da longevidade dessas pessoas, teremos que obter uma quantidade suficiente de informações comuns aos dois grupos. Se quisermos comparar as pessoas que se tornaram centenárias em 1998 com os seus contemporâneos nascidos como eles em 1898, mas que tenham falecido por volta dos 60 anos de idade, as informações disponíveis sobre esse segundo grupo serão (definitivamente!) bastante limitadas, ao contrário das informações sobre o primeiro grupo, que serão mais facilmente obtidas. Sabe-se hoje que um determinado fator biológico, a apoliproteína E (ou Apo E), responsável pelo transporte de certos lipídios no organismo, apresenta-se sob formas variáveis segundo cada indivíduo. A longevidade de cada pessoa em particular é diferente de acordo com o tipo de Apo E que ela carrega. Somente há pouco tempo é que os pesquisadores identificaram e souberam dosar corretamente essa substância. Nessas condições, como conhecer o tipo de Apo E dos contemporâneos dos nossos centenários que já estão mortos há pelo menos uns 50 anos? Como saber se um dos três tipos de Apo E estava mais representado e mais freqüente neles do que nos centenários (e um outro tipo menos representado e menos freqüente), se na época em que eles faleceram não se conhecia essa substância? Os pesquisadores acompanham durante anos os grupos da população, registrando o máximo de dados com o intuito de preparar estudos retrospectivos da melhor qualidade possível. O estudo mais célebre chama-se Framingham, nome de uma pequena cidade dos Estados Unidos onde toda a população foi acompanhada por 50 anos.

A outra abordagem é a dos estudos interventivos. Eles visam medir o impacto dos tratamentos preventivos, dos medicamentos e das mudanças comportamentais em pessoas que aceitam expor-se a esta experiência e que são periodicamente controladas. O inconveniente desse método é a sua necessidade de efetivos de consultas ainda mais consideráveis que os do método precedente (várias dezenas de milhares) e de acompanhamentos intermináveis (!), antes de se chegar às respostas que todos esperam. Tais pesquisas são particularmente caras. Muitas vezes, na ausência dos decênios de paciência necessários, as opiniões são constituídas com o apoio dos resultados de estudos farmacológicos animais (os ratos, por exemplo, vivem dois ou três anos e, conseqüentemente, com eles os resultados são mais rápidos). Embora ainda não haja argumentos diretos resultantes dos estudos com o homem que consigam provar que os caçadores dos radicais livres aumentam sensivelmente a longevidade (eles estão em curso), são muitos os que em benefício da dúvida se valem diariamente desses tratamentos.

A CHAVE DO SUCESSO (TERAPÊUTICO): O LIMITE

O declínio que pode haver por ocasião do envelhecimento não é linear: ele segue fases planas nas quais a evolução se estabiliza, períodos de decréscimo lento e de quedas súbitas. Eis, então, isso que de forma geral é uma curva de desempenhos em função do tempo, ao longo da vida do indivíduo. As mudanças são freqüentemente produzidas por etapas, por patamares e por lances: os lances dos velhos! E por que uma tal irregularidade? De acordo com a verossimilhança, porque o envelhecimento é multifatorial e cada um dos fatores é suscetível de abocanhar uma parte das reservas fisiológicas que constituem a margem de segurança. Essa perda de reservas não acarreta sintoma algum, enquanto um certo limite não é transposto, enquanto as reservas perdidas são aquelas que não fazem tanta falta. Uma das melhores definições do envelhecimento remete a essa diminuição progressiva das reservas fisiológicas. Mas, se a diminuição é progressiva, como explicar o aparecimento súbito de certos sintomas e as quedas bruscas do desempenho? Simplesmente porque o limite foi transposto.

Como é que um indivíduo em plena saúde, que vive a se gabar do seu "estômago de avestruz", pode um dia apresentar complicações gástricas de maneira súbita e sem razões aparentes? Ainda jovem, esse mesmo indivíduo possuía (e seu estômago também) uma reserva fisiológica máxima. Com a idade, a renovação das células que compõem sua parede gástrica torna-se menos rápida e a secreção de muco (a película que protege parede) diminui. Assim esse homem perdeu uma parte da sua margem de segurança. Ele fuma há alguns anos e sabe-se que o tabaco ataca a mucosa gástrica e diminui a vascularização. Uma outra parte da reserva vai embora (na fumaça). Mas nosso amigo não se queixa de nada. Pode-se dizer que o processo foi compensado e que o limite não foi transposto. Após alguns meses, ele está esgotado e tem problemas com o seu novo patrão (o estômago é um órgão sensível e delicado que detesta ser contrariado). Então, numa evidente relação de causa e efeito, o nosso amigo procura refúgio em algumas garrafas de bebida alcoólica. E lá se vai mais uma fração da sua reserva. Falta muito pouco para ele transpor o limite. Basta um prato um pouco mais apimentado para irromper uma bela gastrite, trazendo dores abdominais e cólicas. E ele fica sem entender nada: "Eu como pimenta-malagueta há muitos anos e ela nunca me fez mal!" Sim, mas o problema está justamente nesses muitos anos... associados a um certo número de fatores. Acreditando ser a melhor coisa a fazer, o nosso amigo toma um pouco de aspirina (medicamento que não é lá muito generoso com a mucosa gástrica, pois provoca algumas avarias). Dessa forma, ele ultrapassa um pouco mais o limite e os seus sintomas se agravam. Neste exemplo, observa-se que existem responsáveis sobre os quais é difícil agir. Como dar de volta a esse homem os seus 30 anos? Como ressuscitar a renovação celular que o protegia tão bem? Como mudar as suas relações com a hierarquia de trabalho? Tudo isso é impossível. Se o médico quisesse zerar todos os fatores deletérios, ele simplesmente não poderia. Em contrapartida, neutralizando um ou dois dos co-responsáveis (o álcool e o tabaco), talvez ele possa trazer o seu paciente para uma posição um pouco abaixo do limite. Assim, mesmo não se podendo falar em cura, os sintomas desaparecerão.

Essa noção do limite é extremamente útil em gerontologia, porque as afecções são freqüentemente multifatoriais. Face à insuficiência de um órgão ou de um sistema, os médicos sempre procuram saber se a afecção está compensada ou descompensada (o organismo é astuto no combate às faltas). As investigações tentam avaliar a importância das margens de segurança a fim de pôr as pessoas cientes dos "limites". O papel dos tratamentos, tanto os preventivos como os curativos, não é levar outra vez as capacidades do indivíduo ao nível máximo, e sim, no quadro da prevenção, reduzir o risco de uma doença posterior com o aumento das margens de segurança; e, quando a doença já está declarada, recuperar um ou dois níveis perdidos para que o paciente possa retornar a um ponto um pouco abaixo do limite e assim melhorar suas condições. Essa noção de limite explica como um gesto terapêutico modesto pode surtir grandes efeitos e como uma pequena agressão pode ter conseqüências tão contundentes (a gotinha de pimenta-malagueta que faz o vaso transbordar). O médico deve ter a modéstia de atacar os componentes secundários do problema geral, sobretudo quando o problema não é acessível ao tratamento. Em geriatria são freqüentes as afecções simultâneas que se interpenetram e se agravam reciprocamente. Costuma-se empregar o termo polipatologia ou co-morbidade. Independentemente de se poder agir — ou não — sobre a doença principal, é sempre útil intervir sobre as demais doenças. E não se pode deixar de lado qualquer correção, por menor que ela seja. Pois todas contribuem para que determinados níveis sejam alcançados!

PREVER, PREVENIR, COMPENSAR

Para melhorar a longevidade, os três maiores instrumentos de intervenção são a previsão, a prevenção e a compensação. A previsão tem por objetivo identificar os riscos que pairam sobre o indivíduo ou a população. O segundo instrumento, a prevenção, consiste em tomar todas as medidas úteis para que não surjam os problemas aos quais estão expostos o indivíduo e a população. Os tratamentos preventivos corrigem os fatores de risco e instigam a mudança de certos hábitos. As vacinas são um bom exemplo disso. Por fim, a compensação serve para corrigir as carências dos indivíduos ou ajudá-los a se adaptar da melhor maneira possível.

O papel do corpo médico para a qualidade do envelhecimento é de suma importância. A sua primeira ação é preventiva. Classicamente, são determinados três tipos de prevenção ou três estágios diferentes: primário, secundário e terciário. A prevenção primária tem por objetivo impedir o surgimento de doenças ou, com mais freqüência, dos possíveis problemas de saúde. A prevenção secundária é a investigação precoce das afecções nos estágios em que os tratamentos simples, rápidos e pouco traumáticos ainda são possíveis, quer os tratamentos visem tratar a afecção de maneira radical ou somente retardar a sua evolução. A prevenção terciária tem por objetivo evitar as reincidências das doenças (as recidivas) e apagar as eventuais seqüelas. As prevenções primárias e secundárias apóiam-se nos exames investigativos que, no primeiro caso, revelam os fatores de risco e, no segundo, os sinais premonitórios, anunciadores ou precoces. A periodicidade dos exames investigativos varia de acordo com a função de cada um deles e a idade dos indivíduos. E varia igualmente em função dos resultados obtidos anteriormente, dos mesmos ou de outros exames, ou seja, dos fatores de risco já conhecidos. A prevenção pode dizer respeito às doenças que matam (os cânceres) ou às doenças que mutilam (as carências sensoriais, por exemplo).

Uma parte cada vez mais crescente dos exames investigativos diz respeito aos cânceres. O câncer é, sobretudo, uma doença da velhice. Com o avanço da idade há um aumento progressivo da incidência de cânceres. E com o número crescente de idosos, o câncer acaba sendo chamado a assumir um lugar cada vez mais destacado entre os problemas de saúde pública. Mas como explicar esta relação entre o câncer e a idade? Existem diversas explicações que diferem e concordam entre si. Quanto mais envelhecem as células do organismo, maior é o risco de mutações genéticas aleatórias e de suas divisões. Algumas dessas mutações podem originar uma linha cancerígena. No envelhecimento há uma diminuição das capacidades imunológicas. O organismo reduz suas defesas contra as células cancerígenas e passa a reconhecê-las ou a rejeitá-las com dificuldade. O tempo de exposição aos fatores carcinogênicos aumenta junto com a idade, e sabe-se que a duração da exposição ao risco é um fator essencial para o desenvolvimento de alguns cânceres. Finalmente, deve-se dizer que a maior parte dos cânceres é composta de males que ficam por longo tempo silenciosos e que só se revelam depois de muitos anos de evolução. Antigamente, uma notável proporção da população era realmente portadora de um câncer iniciante, inacessível à investigação e ao diagnóstico, mas as pessoas morriam (por outras razões) antes de atingir a idade na qual o câncer se manifestaria. A tomada de atitude em relação a sistemas, procedimentos, técnicas e exames para investigar e diagnosticar o início dos cânceres é, assim, tanto mais eficaz e "rentável" quanto mais a população envelhece. Para cada tipo de câncer e de exame existe uma idade limite, que torna improdutivos os esforços investigativos realizados muito próximos desse limite.

Com o avanço da idade, um grande número de deficiências instala-se de maneira progressiva e dissimulada. Quando elas aparecem, o que se faz é tentar arranjá-las da melhor maneira possível e às vezes, camuflá-las. As pessoas próximas tentam reconfortar, mascarando ou compensando a deficiência. A família ajuda e suporta (nos dois sentidos do termo). E dessa forma algumas deficiências inconfessáveis podem passar totalmente despercebidas. Em certos casos, há uma negação (inconsciente) ou uma denegação (consciente) do interessado e daqueles que o cercam. O médico que faz o tratamento entra facilmente no jogo, porque encontra periodicamente o paciente e o seu senso crítico diminui. Ele é tolerante e acha que de alguma forma deve salvar aquele paciente infeliz. É por isso que os exames investigativos são cada vez mais utilizados em múltiplos domínios. Eles fazem com que o médico tenha uma opinião mais objetiva.

Devido à importância dos testes investigativos na abordagem coletiva da saúde pública, eles devem responder aos seguintes critérios: a afecção em questão deve representar um verdadeiro problema de saúde pública; deve haver a possibilidade de um diagnóstico precoce; deve haver um exame investigativo confiável, perfeitamente tolerável e aplicável em grande escala; caso ele seja positivo, é fundamental uma certeza no diagnóstico; deve-se dispor imperativamente de uma solução terapêutica, mesmo que parcial; deve-se precisar a periodicidade dos exames e a idade daqueles que se submetem a eles; por fim, o benefício econômico que se pensa em retirar das afecções investigadas não deve exceder o custo global dos exames negativos.

Entre os exames investigativos atualmente praticados estão os exames de seios e de útero (laboratorial), o toque retal, a sigmoidoscopia, o eletrocardiograma (particularmente, o de esforço)... Existem, no entanto, dois casos ligeiramente diferentes. No primeiro, a doença se traduz por problemas, menores ou importantes. Nesse caso, ela é conhecida pelo paciente que por negação, negligência, desespero, temporização ou minimização da gravidade acha por bem nada revelar ao médico. No segundo, a doença não apresenta realmente qualquer sintoma e o paciente não sente incômodo algum, de modo que somente um cuidadoso balanço especializado e orientado tem algumas chances de revelar o início da afecção. Por fim, certos exames não visam como os precedentes investigar precocemente as doenças existentes, mas procurar ou revelar os fatores de risco que, quando presentes, aumentam a probabilidade de doenças; como, por exemplo, as taxas excessivas de lipídios sanguíneos (o célebre colesterol) ou a existência de hipertensão arterial.

O ideal é que todos os exames investigativos disponíveis fossem realizados (se não apresentassem qualquer perigo) e que cada pessoa se submetesse a eles na tentativa de encontrar algum fator de risco ou alguma doença ainda no início. Mas é preciso fazer escolhas, pois tudo tem um custo (por vezes elevado) que é sempre arcado pela coletividade. Convém, portanto, avaliar o benefício que o indivíduo e a coletividade podem obter de cada investigação. Em geral, a enorme falta de dados específicos à velhice faz com que não se apliquem (continuamente) nos idosos as medidas gerais, sob o pretexto de não se saber se os mesmos resultados observados nas pessoas mais jovens podem ser aplicados nos seus casos.

Não é possível reunir os idosos num único grupo e dar a todos os mesmos conselhos. O papel dos profissionais de saúde é essencial e singular para cada paciente. A partir dos antecedentes familiares do sujeito (não se deve negligenciar a hereditariedade), dos seus antecedentes pessoais, do seu estilo de vida e das conclusões do exame clínico, o médico pode aconselhar e orientar um exame investigativo, além de prescrever um tratamento, uma reeducação etc. Entre os fatores do mau envelhecimento, os recursos insuficientes ou não adaptados aos cuidados com a saúde desempenham um papel relevante. Por isso é preciso promover radicalmente a medicina, certamente a curativa, mas também a preventiva, e particularmente a educação sanitária de todos. A educação sanitária pode ser coletiva (os programas públicos investem em algumas grandes causas), mas também e, sobretudo, individual. E nesse aspecto os conselhos do próprio médico e de outros profissionais da saúde são determinantes. Junto aos exames investigativos e às vacinações, a educação sanitária é o terceiro grande instrumento da prevenção. E é enorme a lista de conselhos que se podem dar. As simples regras de higiene de vida (exercício físico, alimentação, controle do peso, eliminação dos elementos tóxicos) já são um tratamento na encruzilhada das numerosas afecções. O papel do médico não é somente informar o seu paciente, mas também assegurar o controle psicológico, sem o qual nenhuma boa resolução dura!

Contrariamente a uma opinião muito em voga em nossos dias, que segue a política do bode expiatório (representado pelos médicos, pelo hospital, pelas enfermeiras, pelas aparelhagens, pelos medicamentos...), não se deve diminuir e sim aumentar as despesas com a saúde! É mais do que necessário valorizá-las! E muito! A começar por causa do saldo considerável que podemos ter em nossa longevidade e do recuo dos empecilhos da velhice! Insistir seguidamente em economizar nesse setor é negar os seus formidáveis resultados e correr o risco de anular o impacto das campanhas de saúde pública.

A previsão e a prevenção nem sempre são suficientes para evitar a doença. E na falta de tratamentos mais radicais a doença pode acarretar as deficiências funcionais. Se elas são duradouras, o papel do médico consiste em corrigi-las ou compensá-las, particularmente pela reeducação. Existem diversas definições (fixadas pela OMS) das alterações funcionais que por não terem sido prevenidas ilustram inevitavelmente o percurso do envelhecimento de algumas pessoas. Essas alterações são divididas em três grupos: os déficits, as incapacidades e os embaraços. O déficit (deficiência ou perda de função) é definido como toda perda ou má formação das entidades funcionais, psicológicas, fisiológicas ou anatômicas do organismo. A incapacidade (resultado de uma deficiência) é a redução parcial ou total da capacidade de cumprir uma atividade de alguma forma ou nos limites tidos como normais para o ser humano. As incapacidades simbolizam a diferença que existe entre aquilo que uma pessoa pode fazer e aquilo que ela gostaria ou tem necessidade de fazer. Por fim, o embaraço é a desvantagem que resulta do déficit ou da incapacidade, que com a idade limita ou interdita a realização de alguma atividade normal como, por exemplo, o sexo e outros fatores sociais e culturais.

Essas diferenças podem parecer sutis! Por isso vamos ilustrá-las com um exemplo. Ao sofrer de uma avaria na retina, um septuagenário apresenta dois problemas diferentes, dois déficits: sua visão noturna torna-se impossível e ele não distingue mais o verde do amarelo. Se quiser visitar os filhos, dirigindo o seu carro, ele terá que viajar durante o dia. O déficit da sua visão noturna acarreta uma incapacidade (a de dirigir à noite). Em contrapartida, ele nem chega a se conscientizar do seu problema de visão em relação às cores. Pois confundir o verde e o amarelo não modifica a sua vida em nada. É um déficit sem incapacidade. Em suma, se o nosso personagem fosse um motorista profissional e não um aposentado, seu déficit de visão noturna, com sua incapacidade de dirigir à noite, se constituiria num verdadeiro embaraço!

A reeducação tem por objetivo reduzir as incapacidades e os embaraços que resultam dos déficits. Ela pretende restaurar um máximo de autonomia. Ironicamente, fala-se da gerontologia como uma arte de acomodar os restos! Essa definição "cola" perfeitamente na reeducação e na sua dinâmica. Fazer o balanço das capacidades preservadas para melhor utilizá-las e valorizá-las é realmente uma forma de acomodar os restos, muitas vezes com resultados funcionais extraordinários. Os pacientes atingidos pela degenerescência macular ligada à idade (DMLA), que atinge a parte central da retina (a responsável por 90% da visão), aprendem assim a olhar com a parte periférica da retina (o que lhes sobrou!). Para poder ver, eles precisam olhar de lado aquilo que querem... ver. E eles conseguem! Esse tipo de aprendizado, por sinal bastante difícil, exige uma excelente pedagogia de quem reeduca e também vontade, determinação e compreensão geral do interessado, com a colaboração do globo ocular e do cérebro cujas capacidades plásticas deverão integrar um novo modo de análise dos dados que lhe são remetidos. O córtex cerebral deve estabelecer progressivamente novos circuitos para analisar as imagens nas quais o importante não está mais no centro e sim nas laterais.

O HOMEM PROTÉTICO

Tão logo um órgão fica defeituoso, algo que com o tempo (e sobretudo com as doenças) pode acontecer, a possibilidade de substituí-lo para retificar uma função e restaurar uma capacidade é cada vez mais freqüente. O avanço considerável da tecnologia caracteriza este final de milênio. Assim, quando somos incapazes (momentaneamente, em todo caso) de impedir uma falha, existe sempre a possibilidade de a suavizarmos. Isso é particularmente verdadeiro no caso das próteses. O novo homem torna-se então um homem protético, porque ele pode portar simultaneamente válvulas cardíacas artificiais; um estimulador cardíaco (marca-passo); quatro próteses no lugar dos joelhos e dos quadris; cristalinos de plástico nos olhos; algumas porções de artérias em dacron aqui e ali; um amplificador eletrônico intra-auricular (talvez até intracoclear); dentes artificiais implantados; um eixo peniano inflável quando acionado ou próteses mamárias; placas ou grades abdominais de reforço... A lista é interminável. Os prazos de tolerância e, sobretudo, de uso das próteses demandam revisões. Era quase que lógico que as próteses não durassem mais do que uma dezena de anos: operado aos 60 anos, falecido aos 70, a conta era exata! O falecimento do paciente (por outro motivo, é claro) dispensava a intervenção do cirurgião para substituir uma prótese usada ou avariada. Pelas mesmas razões, se um candidato à prótese fosse muito jovem, a intervenção era retardada o máximo de tempo possível. O aumento da expectativa de vida para as idades mais elevadas nos obriga a rever esse princípio. É preciso que se aceitem os riscos de uma — ou duas — novas intervenções para mudar o modelo ou que se encontrem outros materiais mais resistentes e mais sólidos, e que o organismo suporte por mais tempo. A substituição de órgãos deficientes também pode ser feita via transplantes; transplante de fígado, de rins, de coração, de pulmão, de medula óssea... É uma outra forma de rejuvenescer, pois o órgão enxertado é muitas vezes proveniente de indivíduos mais jovens do que os futuros transplantados. Mas, além das próteses, existem outras soluções adaptadas aos idosos com a finalidade de dar a eles a maior autonomia possível. A gerotecnologia, uma nova disciplina derivada da ergonomia, produziu apetrechos e apoio técnico para atender às dificuldades das pessoas idosas. Um dos seus objetivos é, por exemplo, adaptar talheres para mãos deformadas pela artrose e cuja força de retenção já esteja muito reduzida, para que seja obtido um resultado funcional satisfatório à mesa.

Todas essas intervenções, próteses e transplantes são possíveis graças ao incrível progresso da cirurgia e da anestesia, um progresso cujo impacto ainda não é mensurável. Os primeiros centenários operados de catarata e aqueles nos quais foram adaptados estimuladores cardíacos tornaram-se pauta de comunicação constante no universo da medicina. Hoje essas intervenções já são tão banais que ninguém mais se dá ao trabalho de comentá-las. Aos 115 anos de idade, Jeanne Calment sofreu uma queda séria quando procurava fósforos para acender seu cigarro. Mesmo com essa idade avançada, ela foi beneficiada por uma dupla intervenção (prótese de quadris e osteossíntese do cotovelo). Em contrapartida, a sua reeducação talvez tenha sido um pouco tímida, pois não previram para ela um futuro muito longo. Ledo engano! Depois da queda, ela sobreviveu mais sete anos!

A saúde no cotidiano

No cotidiano, que bons hábitos devem ser tomados, que pequenos esforços ou sacrifícios devem ser feitos e que precauções devem ser observadas? E com que finalidade? Quais são as certezas adquiridas com isso? Não bastaria apenas esperar a chegada dos próximos "tratamentos da velhice": DHEA, hormônio do crescimento, melatonina, terapia gênica? Ou mesmo apelar para os transplantes e as próteses? Não! Já foi dito que a prevenção é de uma eficácia incomparável para se viver bem e por muito tempo e, por conseguinte, para evitar as doenças que transformam uma etapa normal da existência num verdadeiro padecimento. E cada um de nós por si mesmo já é um mestre-de-obra absolutamente indispensável para o êxito do seu próprio canteiro: uma vida longa e saudável! As regras de construção são simples, cômodas e acessíveis a todos!

NADA DE MUITO SOL!

O sol e sua luminosidade são ao mesmo tempo benéficos e prejudiciais. A exposição ao sol é indispensável ao metabolismo da vitamina D e evita a osteoporose (e o raquitismo nas crianças).

E a luz natural pode combater a depressão. Mas o sol pode ser igualmente nefasto. Pois ele é um fator considerável de envelhecimento, principalmente para a pele e os olhos, e os resultados dos seus efeitos são sentidos após algumas vintenas de anos.

A exposição ao sol envelhece prematuramente a pele, mesmo com as sensibilidades diferindo de acordo com a cor da pele e dos cabelos. O bronzeado é a única proteção que a pele apresenta contra os raios ultravioleta. Ele é um testemunho da intensa produção de melatonina. Mas se a exposição ao sol não for lentamente progressiva (não mais do que meia hora no primeiro dia) e se não for evitado sistematicamente o período em que ele estiver no seu zênite (entre 12 e 16 horas, período em que os raios solares estão 100 vezes mais fortes), os golpes do sol irão preceder inevitavelmente o desempenho dos sistemas de defesa. As células cutâneas serão lesadas de maneira irreversível e irão transmitir à sua descendência, ao longo das divisões celulares, as mutações do seu DNA causadas pelo sol. Com o transcorrer de gerações e gerações de células e, sobretudo, quando há intervenção de novos golpes do sol, as lesões no DNA acabam sendo tantas que passam a comprometer irremediavelmente o bom funcionamento das células cutâneas. A epiderme fica então cortada, desidratada, enrugada, pigmentada irregularmente e prestes a desenvolver cânceres. Os cânceres de pele e, em particular, o famoso melanoma atacam preferencialmente os indivíduos que se expuseram ao sol de maneira incorreta. Além do simples envelhecimento acelerado da pele, o sol provoca ou acelera transformações malignas. Em suma, é preciso proteger-se! Existe um teste bastante imperfeito, mas fácil de ser feito, para conhecer o estado e o grau do envelhecimento da pele. Com os dedos, indicador e polegar, puxe um pouco da pele de uma das mãos de maneira que forme uma prega. Mantenha a pele presa por alguns segundos e depois a solte. O tempo de desaparecimento desta prega varia de pessoa a pessoa e em geral aumenta com a idade. Em caso de desidratação, a prega pode persistir por muito tempo ou apagar-se rapidamente quando a mão é roliça!

As radiações de ultravioleta apresentam outros efeitos não tão conhecidos. Efeitos que são responsáveis por lesões oculares, ao nível da retina e do cristalino. A retina é a fina membrana nervosa que reveste todo o interior do globo ocular para acolher a luz e as cores e transformá-las em influxo nervoso cujo destino é o cérebro. O excesso de luz é nefasto para ela. Considera-se que as luzes muito vivas são responsáveis por uma degenerescência da parte central da retina, a zona que assegura o essencial da visão diurna. Já falamos dessa afecção, a degenerescência macular ligada à idade (DMLI), da importância do déficit visual que ela acarreta e das dificuldades da reeducação. A prevenção ainda é a melhor solução: evitar luzes muito fortes e usar óculos escuros quando estiver exposto a muita luminosidade. O cristalino é uma espécie de lente colocada na frente da pupila. O seu papel é assegurar o ajuste da imagem, próxima ou distante, fazendo variar a convexidade da sua curvatura. Com a idade e as agressões luminosas, o cristalino perde sua flexibilidade e sua transparência. Isto é a presbitia, que impede a visão de perto, e a catarata, que pode levar à cegueira.

FUMAR OU NÃO FUMAR?

Um segundo fator de envelhecimento é sem dúvida o tabaco. Esta planta que para os indígenas da América era a erva da sabedoria revelou-se como um sério fator de risco para as doenças cardiovasculares e algumas espécies de câncer. É provável que certas pessoas sejam mais sensíveis que outras. Assim, cedo ou tarde alguns indivíduos fumantes serão vítimas do tabaco, isto é uma questão de tempo, de duração da exposição ao risco. Outras, porém, que não apresentam a mesma suscetibilidade, poderão fumar sem perigo! É mesmo possível que o tabaco sirva de proteção para quem não é morto por ele, retardando o aparecimento do mal de Alzheimer e de algumas doenças do intestino. A tentativa de apoiar-se em casos individuais para justificar sua própria história é, portanto, inútil. Certamente você já deve ter conhecido algum centenário que fumou até o fim dos seus dias. Nós também! Mas o fato é que não somos iguais perante os diferentes riscos. E ainda somos incapazes de fazer uma previsão válida das nossas capacidades. Então, quando fumamos, estamos jogando uma roleta-russa, mas, em vez de termos uma única bala e cinco câmaras vazias no maço de cigarros, ocorre justamente o inverso. Os estudos epidemiológicos começam a levantar os perfis de suscetibilidade aos diferentes riscos. Chegará então o dia em que os conselhos serão adaptados e personificados. Algumas pessoas poderão fumar, e outras, não. Por enquanto, alguns ensinamentos podem ser extraídos da história de sua própria família. Com dois ou três ascendentes diretos fumantes, falecidos por causa de um câncer de pulmão, o risco de apresentar a mesma afecção é sem dúvida relevante. Se houver um gene de proteção contra o poder cancerígeno do tabaco ou contra o câncer de pulmão, é possível que no futuro ele possa ser transmitido através da terapia gênica às pessoas que não o possuem. Mas, enquanto esse dia não chega, a abstenção do tabaco é o único método seguro. Uma parte da população francesa conseguiu uma mudança significativa de comportamento valendo-se dos cigarros tidos como mais leves. É o reconhecimento da seriedade do risco do tabagismo. E também é uma forma de desacelerar a marcha!

O tabagismo feminino tem suas características próprias. O número de mulheres fumantes é cada vez maior, e elas começam a fumar cada vez mais cedo. Será que o tabaco as fará perder a nítida vantagem que têm sobre os homens: a proteção cardiovascular que elas devem aos seus hormônios até a menopausa? Até porque os riscos cardiovasculares do tabaco e de algumas pílulas anticoncepcionais não aumentam, multiplicam-se! Mas não há prova de que as mulheres tenham uma suscetibilidade ao tabaco comparável à dos homens. Aliás, como em muitas outras coisas, é bem possível que elas sejam intrinsecamente mais resistentes. E também existe o fato de que elas começaram a fumar relativamente há pouco tempo, numa época em que os cigarros passaram a ter uma dosagem mais fraca de nicotina e alcatrão. Supõe-se que esses novos tabacos não contenham a mesma toxicidade. Acontece que, por ser menos irritante, sua fumaça é inalada mais profundamente, e com isso atinge com mais contundência os pequenos brônquios, onde o câncer que por ter sido durante muito tempo assintomático corre o risco de ser investigado tardiamente. Enfim, se de um lado o risco cardiovascular feminino aumenta com o tabaco, do outro ele pode ser reduzido com a terapia de reposição hormonal da menopausa. Este tratamento tende, e não unicamente por esta razão, a se generalizar entre as novas "cinqüentonas".

A epidemiologia das doenças contemporâneas já oferece algumas conclusões formais, apesar de suas dificuldades em função da rapidez nas mudanças dos estilos de vida. Não fumar reduz consideravelmente o risco de doenças cardiovasculares (essencialmente o infarto do miocárdio e o câncer dos brônquios e dos pulmões). Se a decisão de não fumar reduz a probabilidade de ter um câncer (entre outras mazelas), não se pode negar que fumar não faz mais do que aumentar uma probabilidade! Isso não quer dizer que existe a certeza de que se vai ficar doente um dia, mas já é o bastante! Em se tratando de certezas (fumante = câncer), o mais provável é que o tabaco acabe sendo totalmente proibido com o passar do tempo. Tanto em longo prazo quanto em curto prazo, o tabaco também acarreta bronquite e enfisema, crônicos. O que traz esta certeza: fumante = broncopneumopatia. De todo modo, o fato é que essa doença vai infernizar os velhos e os novos fumantes. E também vai infernizar a vida do círculo de pessoas que os cercam, com os acessos de tosse a princípio matinais e depois quase que permanentes. O pulmão é um órgão frágil e particularmente sensível ao envelhecimento. Ele tem, portanto, que ser protegido de todas as agressões (já bastam as da idade!). As pneumonias (infecções bacterianas do parênquima pulmonar), as bronquites e as gripes são freqüentes nas idades avançadas, e também nesta esfera o fumante está nitidamente desfavorecido. O seu desempenho respiratório funcional (os volumes de ar inspirado e expirado...) é bem inferior ao dos não-fumantes. Enfim, sem tabaco, a voz e a pele tornam-se muito mais claras. Eis as gratificações imediatas ou mais rápidas que podem encorajar a mudança de hábitos. Nunca é tarde demais para abandonar o fumo e ganhar com isso um sem-fim de benefícios, independentemente da idade. Jeanne Calment chegou aos 117 anos! Embora ela tenha abandonado muito tarde o hábito de fumar, não é por isso que se deve esperar uma idade avançada para se deixar de fumar. Se os nossos antepassados não foram informados dos malefícios do tabaco, hoje a coisa é diferente. Pois em nossos dias é muito difícil ser um fumante ingênuo, um fumante feliz ou um fumante indiferente.

ESTRESSE E ESTIMULAÇÃO

Agora é de bom tom vilipendiar o estresse como a pior das agressões e como um grande perigo para a longevidade. A definição do estresse é dupla: ele é ao mesmo tempo o estímulo (importante, inquietante, súbito, inesperado) e as reações que acarreta (no organismo e no indivíduo). Se o carro que está à sua frente freia bruscamente na estrada, você reage sem refletir e também freia o seu carro. As frações de segundo duram séculos até que chega o resultado: o acidente é evitado. Num segundo momento, você começa a tremer, a transpirar, a ficar exausto, e sente uma necessidade intensa de ir ao banheiro para aliviar a bexiga... Você sofreu uma descarga de adrenalina, uma série de reações hormonais em cascata, uma elevação da tensão que forçou seus rins a trabalhar mais do que o habitual... O estresse é o estímulo, as duas lanternas que acendem bruscamente no seu campo de visão (com seu respectivo contexto cultural: o risco de não poder chegar a tempo, o engarrafamento em série, o terrível acidente diante do qual você está impotente). Mas o estresse também é o conjunto de reações hormonais muito rápidas e complexas que são desencadeadas no seu organismo para o fazer reagir. Esta secreção de hormônios, corticóides entre outros, é uma benéfica reação defensiva que pode tornar-se nociva, caso ela ultrapasse o limite e esgote seu organismo com repetições. Estas descargas de substâncias no sangue podem ser de natureza a fazer o organismo envelhecer de forma prematura. Mas também é possível que a prescrição destes hormônios em certas condições de urgência ou, na falta de melhor opção, no tratamento crônico de algumas doenças felizmente raras possa garantir — um pouco mais — a duração de vida dos pacientes.

Não devemos, no entanto, confundir estresse com estimulação. Os diversos estímulos sonoros, visuais e intelectuais que estão ao redor são "bons estresses" (ou bons agentes de estresse). Eles nos despertam e nos fazem reagir, mas não de maneira automática e sim a partir do cérebro! Nem os gritos dos vendedores no mercado, nem a algazarra das crianças em disputas barulhentas, nem o rádio do vizinho com o som no último volume, nem os anúncios dos alto-falantes e outras coisas parecidas merecem ser chamados de estresse. São apenas estímulos, por vezes desconcertantes e exasperadores, mas fortes e bons estímulos. Os parisienses sempre sofrem muitas críticas, mas vive-se mais e melhor em Paris do que no campo. Embora o seu ar não seja mais puro, não se pode negar que em Paris o espírito e o corpo são estimulados mais intensamente e com melhor qualidade (sem esquecermos, é claro, que o nível sociocultural mais elevado é um fator determinante da longevidade). O mito da vida campestre radiante e protetora, a mesma lenda do bom selvagem de Rousseau, tem a vida e a pele duras. Nem o mito nem a lenda podem ser verificados. O que leva a um prejuízo para os contos de fadas e a felicidade para nós: com a urbanização crescente das populações na face da Terra, é melhor que seja assim!

As estimulações são indispensáveis aos organismos para que eles possam desenvolver-se de maneira adaptada ao mundo circundante e manter-se, adotando um comportamento ideal que lhe permita sobreviver e reproduzir. Na falta de estímulos, todos os comportamentos aprendidos e todos os reflexos condicionados — que por isso mesmo não são inatos — tendem a desaparecer ou a desvanecer-se no envelhecimento. Ao envelhecer, para se proteger o indivíduo muitas vezes fica tentado a restringir os seus confrontos com o ambiente. O que não é forçosamente a tática mais apropriada para assegurar uma vida boa e duradoura! A ausência de estimulações adormece o organismo, de modo que quando o indivíduo se vê obrigado a apelar para os seus recursos em determinadas circunstâncias, o que ele consegue é muito pouco. Por outro lado, estimulações intensas e permanentes esgotam o organismo, seja de forma física ou psicológica, e com isso os resultados não são melhores. É como o aprendizado das línguas estrangeiras. Os exercícios muito simples de nada adiantam ao aluno que já tenha alguns anos de prática, da mesma maneira que os exercícios muito difíceis não o deixam progredir. Ocorre o mesmo na vida. Os indolentes jamais serão bons centenários, e os permanentemente excitados também não. A medida exata entre as duas atitudes extremas varia de indivíduo a indivíduo. Assim como também varia ao longo da existência, demandando adaptações constantes. A cada um de nós resta então aceitar os estímulos e os desafios mais razoáveis!

A LONGA MARCHA DO CÉREBRO

De todos os órgãos, o cérebro é o mais preciso e o que melhor resiste ao tempo. Durante muito tempo argumentou-se a respeito de sua fragilidade e vulnerabilidade, com a alegação de que o homem perde diariamente centenas ou milhares de neurônios que seriam insubstituíveis por causa de sua incapacidade de renovação após o nascimento, que concluía dizendo que assistiríamos impotentes a uma lenta erosão do nosso estoque de neurônios. Em alguns anos, o mal de Alzheimer tornou-se a nova peste cinzenta, o terrível reverso da longevidade, o preço inevitável que cada um deveria pagar. Mas o que é realmente o cérebro? A afirmação de que há uma perda cotidiana de neurônios não passa de uma velha crença que foi colocada recentemente em questão, porque não tem bases científicas verdadeiras. Chega-se mesmo a fazer uma identificação no sistema nervoso central das células-tronco que seriam capazes de multiplicar-se. Toda vez que observamos os centenários, obviamente bastante idosos, torna-se evidente que o desempenho físico dessas pessoas já não é mais tão bom quanto seria em alguém com a metade da idade deles. A amplitude articular é limitada, a força muscular é excessivamente modesta, e a qualidade da pele, este invólucro que assegura o acabamento da nossa imagem, não é mais reluzente. As capacidades sensoriais (sobretudo a visão e a audição), estas mesmas que nos informam sobre o mundo exterior, já não apresentam o bom desempenho de outrora. A exploração funcional dos pulmões ou dos rins também revela uma forte redução das capacidades. O centenário já não é capaz de sustentar uma caminhada em ritmo médio ou até mesmo lento. Ele não pode aventurar-se a dar uma voltinha pela rua. E sempre nos dá a impressão de uma enorme fragilidade. Nos seus movimentos, tudo parece estar em câmera lenta. Se o levássemos até o metrô na hora de mais movimento, sem lhe dar o direito a um lugar especial, a sua sobrevivência ficaria seriamente comprometida. Assim, na classificação geral dos desempenhos físicos da população, a nota média dos centenários situa-se bem abaixo da escala. O mais apto dos centenários não tem um desempenho físico muito acima do que são capazes os outros centenários. Nenhum deles escapa à lei geral.

Em contrapartida, se o interesse se volta para os seus desempenhos mentais, para o que eles dizem, pensam e sentem, o balanço será nitidamente mais contrastante. Tal como ocorre com todas as idades da vida humana, entre os centenários existem os que estão bem e os que não estão tão bem assim. A nota mental média dos centenários está no mesmo nível da média geral da população. Existem centenários com capacidades intelectuais muito fracas, assim como existem os dementes e os que estão fora da realidade e do tempo social em que vivem. Mas também existem os que estão muito acima da média no que diz respeito à razão e à conversa. Os melhores centenários não ficam nada a dever aos melhores adultos mais jovens. Muito pelo contrário, pelo fato de já terem agregado uma quantidade maior de informações, isso lhes dá uma vantagem substancial. Nós mesmos já tivemos oportunidade de conhecer centenários excepcionais.

O cérebro é um órgão cujo papel é fabricar pensamentos, emoções, lembranças, sentimentos... De todos os órgãos, ele é o que assume a sua função com maior fidelidade, o que envelhece menos ou — antes — melhor, e o que "caminha" mais tempo! O cérebro é o órgão que melhor resiste às intempéries do tempo. Jamais se viu o bíceps de um centenário levantar um peso de 20 quilos, mesmo quando ele era capaz de fazê-lo na sua juventude; no entanto não é nem um pouco incomum assistir ao cérebro de um centenário recitando algumas estrofes de Corneille, aprendidas muitos anos antes, e até mesmo aprendendo novas poesias!

PERDA DA MEMÓRIA

Por outro lado, a perda da memória é o agravo mais freqüente da idade avançada. Uma entre duas pessoas com mais de 50 anos queixa-se de sua memória. E a prevalência do sintoma cresce linearmente com o avanço da idade. Os problemas de memória são comuns às situações mais diversas, do tédio e da solidão até as demências. No contexto de um número restrito de casos, a deficiência da memória faz parte do quadro clínico das doenças graves. O mais comum é um transtorno benigno e isolado, sem nenhuma alteração das faculdades mentais. Os problemas da memória também podem ser ampliados por causa da ansiedade, do estado de saúde precário, da desvalorização social ou da depressão. Uma queixa de amnésia aparentemente banal também pode traduzir um risco mais importante de deterioração intelectual. Apenas um risco, não uma certeza. Mas nem por isso a perda da memória deve deixar de ser levada a sério, mesmo com uma grande possibilidade de ser benigna. As medidas objetivas da deficiência obtidas com ajuda de testes ainda são o maior indicador de aumento do risco.

As perdas de memória sempre inquietam, inclusive nas suas formas benignas mais correntes. O espectro do mal de Alzheimer está sempre à espreita! Os problemas benignos são sempre difíceis de objetivar, até mesmo com os testes psicotécnicos. Não há correlação entre a importância da queixa expressa pelo sujeito e a intensidade da deficiência medida pelos testes. Assim como não há a correlação inversa. O certo é que quanto maior a queixa, mais o déficit real é modesto e o funcionamento cognitivo é normal! *Por outro lado*, ao tornar-se demente (eventualidade bem mais rara) o indivíduo perde rapidamente a clara consciência dos seus problemas e não apresenta queixas da sua memória.

A memória deve — e pode — ser preservada. Pois ela assegura a continuidade do nosso ser e a persistência da nossa individualidade. Desprezada por muito tempo pelos pesquisadores, esta função passou a ser motivo de grande interesse. Hoje os mecanismos fisiológicos e elétricos que sustentam essa atividade cerebral são cada vez mais conhecidos. Mesmo isoladamente, os neurônios — as células nervosas do nosso cérebro — são pequenas maravilhas de tecnologia capazes de inteligência e adaptação. Eles estabelecem entre si as conexões, as redes que se tornam cada vez mais elaboradas no decorrer das aprendizagens. Quanto mais os conhecimentos são múltiplos e variados (quer sejam abstratos, puramente intelectuais ou práticos, como o bom uso de uma plaina ou de uma raquete de tênis), maior é o número de conexões entre os neurônios. Essas funções são visíveis ao microscópio. O cérebro é igualmente capaz de plasticidade, ou seja, de adaptar-se às diferentes circunstâncias, modificando o número e a qualidade das junções interneurônicas que formam a sua rede de comunicação interna. Mas ele só reage de acordo com a demanda. O que é feito sem esforço. A função faz o órgão. E, como todos os órgãos, como o músculo que se atrofia quando não é mais — ou pouco — utilizado, o cérebro em repouso também pode ter suas capacidades reduzidas. Eis por que se deve encarar com seriedade a tarefa de estimular o cérebro! Na escola, de forma voluntária ou não, fazemos o nosso cérebro funcionar quando "digerimos" um grande número de aprendizagens. No entanto, o que ocorre 30 anos mais tarde? Geralmente o nosso cérebro envelhece e se torna indolente. Resultado: depois dos 50 anos de idade os lapsos da memória são tão freqüentes que tanto os médicos como os pacientes ficam tentados a ver alguma fatalidade. Não há nada mais falso que isso! O remédio é simples: nunca se deve deixar de aprender e de estimular a memória e o cérebro! Após a última década, tem-se observado na França um aumento das consultas sobre a memória, nas quais neurologistas, psicólogos e geriatras encarregam-se efetivamente dos lapsos dessa função. Depois de um balanço diagnóstico que elimina afecções neurológicas (mal de Alzheimer no início e outros) ou doenças associadas capazes de agravar o problema (depressão etc.), o sujeito é beneficiado por uma verdadeira reeducação cognitiva associada a tratamentos medicamentosos. Nessa reeducação, ele aprende os mecanismos essenciais do funcionamento da memória e os diversos artifícios que ampliam a sua eficácia. Essas técnicas de treinamento da memória são de extraordinária eficácia. Os medicamentos associados a esses tratamentos não propiciam uma memória politécnica, sobretudo quando o paciente nunca teve esse tipo de memória, mas contribuem ativamente para a compensação do déficit.

E AGORA, VAMOS À DANÇA!

Em qualquer idade, o exercício físico é a forma mais eficaz, mais lucrativa, mais simples e mais segura de resistir ao envelhecimento. A inatividade tem conseqüências pavorosamente deletérias. O sedentarismo é muito mais perigoso do que a passagem dos anos! Sabe-se que o doente obrigado a ficar na cama acaba "assistindo" à desmineralização dos seus ossos e a atrofia dos seus músculos em poucos dias. Fenômenos que já foram medidos e verificados nos astronautas que passam pelo estado antigravitacional. Quando eles retornam à Terra, seus ossos e seus músculos mostram-se enfraquecidos. Além disso, eles perdem a parte da coordenação dos reflexos que assegura o equilíbrio e a posição ereta. A falsa locomoção no interior da cápsula espacial os faz apresentar aquilo que é chamado de descondicionamento postural. Os cosmonautas apresentam ainda uma espécie de envelhecimento acelerado, experimental e, felizmente, reversível. Pois tão rápido como aparece, esse envelhecimento desaparece. Um fato que prova, numa escala breve de tempo, que tudo é recuperável. Aliás, o decano dos cosmonautas, John Glenn, o primeiro americano colocado em órbita, agora com 77 anos de idade, está prestes a retornar ao espaço. Ele vai bater o recorde do homem mais velho no espaço.

O exercício físico sustenta e desenvolve o capital muscular, e assim amplia os seus desempenhos. Ao nível dos tecidos, o envelhecimento caracteriza-se por uma fundição de células musculares que tem seu espaço progressivamente ocupado pelas células gordurosas. A atividade física, na forma de exercícios apropriados, consegue resistir a essa tendência deplorável e conservar um capital muscular satisfatório, no sentido quantitativo e qualitativo. Todos os músculos podem ser desenvolvidos. Os músculos maiores e mais fortes das nádegas e das costas são os que nos permitem os movimentos de estar "em pé" e de inclinar para as laterais e para a frente. Se esses músculos são fortalecidos, eles se constituem num autêntico tutor muscular para a coluna vertebral e, portanto, numa segurança maior contra o possível surgimento do lumbago, uma afecção cada vez mais freqüente. Fortalecidos, eles propiciam uma melhor estabilidade e evitam as quedas. Os "pequenos músculos" também podem beneficiar-se com os exercícios, sobretudo os das mãos, quando a capacidade de segurar as coisas está enfraquecida, e os do tórax, quando é necessário restaurar a capacidade respiratória em declínio.

O exercício físico tem um impacto semelhante sobre o tecido ósseo. A composição mineral dos ossos é estreitamente dependente das trações musculares exercidas sobre eles. Quando essas trações são satisfatórias, o risco de osteoporose é consideravelmente reduzido e, por conseqüência, o risco de fraturas em caso de tombos também reduz. Aliás, o exercício físico reduz o risco de tombos. Não só por causa da tonicidade muscular e da flexibilidade articular, mas também porque melhora o equilíbrio e a percepção da posição e do movimento do corpo. Enfim, numerosos estudos já demonstraram a extraordinária eficácia dos exercícios físicos na prevenção de doenças como as afecções cardiovasculares, os diversos tipos de cânceres, a diabete, a obesidade e até mesmo as mudanças de humor.

Para ganhar tudo isso, não há limite de idade e nunca é tarde demais para começar! Independentemente de idade, depois de umas poucas semanas qualquer iniciante obtém um enorme benefício dos programas de exercícios. E com a constância deles, os benefícios não param de crescer.

Que tipo de exercício deve ser praticado? Qualquer um, o importante é que seja praticado! Mas é sempre aconselhável reservar um tempo especial para ele. Talvez alguém diga: "As atividades cotidianas já são uma forma de exercício!" Ou ainda: "Com todos os esforços e o vaivém do meu dia-a-dia, eu já faço exercícios!" Acontece que, por mais intensas que sejam essas atividades físicas, elas não têm o mesmo valor e a mesma eficácia de uma semana de movimentos voluntários, vividos e aceitos como tal. O exercício físico que já foi chamado de fisiculturismo não é obrigatoriamente um esporte, como muita gente costuma pensar. O esporte é uma atividade regulada e codificada, cujo objetivo não leva em conta as dificuldades e preferências de cada um. Há no esporte certos incômodos físicos e psicológicos que nem sempre são benéficos. A concepção de desempenho é mais forte e os perigos são maiores. O esporte é, portanto, pouco adaptado às pessoas idosas, a menos que já o pratiquem há muito tempo e tenham o bom senso de adaptá-lo à sua condição física. Caminhada, bicicleta, dança, *tai chi chuan* e natação são os exercícios mais clássicos. A caminhada, por exemplo, melhora a resistência e o equilíbrio. De todas as atividades, ela é a mais segura e a mais fácil de praticar. Diversos países nórdicos estimulam a criação de grupos de caminhada. Nos bairros das suas grandes e pequenas cidades, muitos grupos são formados para caminhar duas vezes por semana, sempre no mesmo horário. Não importa que esteja ventando, nevando ou chovendo, ou que o grupo seja constituído de duas ou 100 pessoas, pois nada disso interfere nessas caminhadas. Esse exercício também permite que as pessoas conversem e estreitem os laços entre si, ou seja, se "socializem", como dizem os norte-americanos. De qualquer forma, a atividade escolhida não pode apresentar perigo. E como essa noção é muito relativa, fica por conta de cada um sentir e estabelecer o que é perigoso ou não. Os exercícios devem ser feitos com toda segurança, e com controle médico no caso de quem tem problemas cardíacos. O período de aquecimento também é importante, com o alongamento prudente e progressivo dos músculos que serão trabalhados.

    Com que freqüência, intensidade e duração os exercícios devem ser feitos? A freqüência mínima deve ser de duas vezes por semana e a duração mínima de cada vez deve ser de mais ou menos meia hora, o tempo necessário para que apareça a sensação de que se faz (ou de que se fez) um esforço. Com a constância dos exercícios, pode-se aumentar a freqüência, a intensidade (um passo mais rápido, um terreno mais acidentado...)

e a duração deles. Independentemente da idade e da condição física do praticante no início dos exercícios, ele deve ter como objetivo atingir um grau superior. É preciso que se tenha isso sempre em mente, mas dando um passo de cada vez. Os resultados, de um modo geral, fazem aparecer com muita rapidez o aumento da segurança, do equilíbrio, da força, da flexibilidade, da resistência, da reação e, é claro, da auto-satisfação.

O TOMBO E SUAS REINCIDÊNCIAS

O tombo dos idosos é uma entidade gerontológica modelo. Ele se deve a múltiplos fatores e engloba dimensões biológicas, psicológicas, médicas e sociais. O tombo foi considerado por muito tempo como um epifenômeno, uma anedota, um incidente ou acidente de percurso. Embora freqüentes e por vezes graves, os tombos não eram objeto de uma análise global dos "terrenos demarcados". Eles são, portanto, uma complicação maior do envelhecimento perfeitamente acessível à prevenção.

No âmbito das pessoas idosas existem três causas principais para as mortes violentas: acidentes de trânsito, tombos e suicídios. Para os velhos "jovens" (entre 65 e 74 anos de idade), as três causas têm pesos similares. Mas à medida que eles avançam em idade diminuem os acidentes de trânsito. Os mais idosos são mais receptivos aos conselhos de prudência dos amigos e familiares e, sobretudo, dirigem cada vez menos. A partir dos 75 anos de idade, as mortes violentas resultam dos tombos, particularmente entre as mulheres, e dos suicídios, freqüentemente entre os homens.

Na França, que tem cerca de dois milhões de tombos para 12 mil mortos por ano, esses acidentes são um verdadeiro flagelo do qual pouco se fala. A prevalência é de 400 tombos para mil pessoas com mais de 65 anos. A freqüência aumenta com o avanço da idade, os internamentos nos asilos (também ligados à idade) e a atividade. Se os exercícios físicos são indispensáveis à prevenção dos tombos, é evidente que o risco de cair é mais importante para o aposentado ativo do que para o sedentário que passa o dia em frente à televisão. No entanto, mesmo sem fazer exercícios, este último corre o risco de cair ao se levantar da poltrona na hora de dormir. Dois terços dos tombos acarretam lesões sérias, com 62% de fraturas, 25% de entorses e 8% de ferimentos profundos. O custo anual desses acidentes está por volta de sete milhões de francos, aos quais deve-se também acrescentar o custo diferenciado, representado pelas conseqüências físicas e psicológicas em médio e longo prazos e pela aceleração do processo de dependência que eles acarretam, ou seja, de um a sete milhões suplementares. Geralmente o tombo é um bilhete de entrada para o internamento e um verdadeiro sinal para o início da dependência. Entre as suas vítimas, somente 42% dos que vivem de maneira independente retornam às suas casas quando saem dos hospitais. Os outros 58% são temporária ou definitivamente encaminhados para instituições.

O tombo dos idosos é um exemplo perfeito do fenômeno da autogestão (um círculo vicioso, se você preferir), tipicamente gerontológico. Por alguma razão aparentemente banal, ainda que geralmente complexa e misteriosa, as pessoas sofrem quedas nas ruas ou dentro de casa. Mesmo quando não apresentam ferimentos que fazem com que sejam hospitalizadas ou fiquem na cama, elas são marcadas por esse acontecimento e sempre se perguntam por sua razão. Geralmente o tombo é vivido como um revés pessoal, como uma humilhação e um sentimento de impotência marcante. O medo de cair outra vez e a perda da autoconfiança instalam-se de forma consciente ou inconsciente. E assim as pessoas tendem a restringir suas atividades e o campo da sua locomoção. O confinamento em casa é rapidamente acompanhado pelo descondicionamento postural. Deixando de ser estimulados, os músculos enfraquecem e os reflexos responsáveis pelo equilíbrio perdem muito do seu desempenho. Ou seja, tudo concorre para aumentar o risco de uma nova queda que vai preparar um novo ciclo, desta vez com o agravamento do quadro. Os tombos são então responsáveis pela perda da independência e da autonomia dos idosos. Acossados e dobrados pelo medo de cair outra vez, os idosos acabam tendo o risco de novos tombos aumentado, acrescentando-se a isso o declínio intelectual e a depressão, conseqüências do isolamento e do decréscimo de estímulos de toda natureza.

Com o exercício físico, com o engajamento ou a reeducação dos mecanismos de equilíbrio, e com a supressão de todos os agentes dos tombos domésticos, é possível prevenir o risco desses tombos ou de novos tombos, e limitar suas conseqüências. A equipe dos professores Albarède e Vellas, em Toulouse, criou um teste muito simples para medir o potencial de queda do idoso. O teste consiste em pedir que a pessoa permaneça apoiada em um único pé durante cinco segundos. Se ela não conseguir, justifica-se então uma investigação mais apurada.

POR QUE AS MULHERES CAEM?

A questão permanece em suspenso. As mulheres realmente caem duas a quatro vezes mais freqüentemente do que os homens e morrem duas vezes mais em conseqüência das quedas. Mas existe um embrião de elucidação. Há muito que as mulheres calçam sapatos altos e não conseguem caminhar corretamente. A ponta dos pés arrasta na terra e se embaraça com facilidade nos obstáculos e nas asperezas do terreno. Eis por que as mulheres são realmente mais numerosas do que os homens no "ataque" ao solo com a ponta dos pés e não com a sola.

COMER... (BEM) PARA VIVER... (MUITO TEMPO)

O homem sempre teve uma vaga idéia de que o alimento, essa substância que ele assimila, essa matéria da qual se apropria, desempenha um grande papel na sua vida. Entre todas as atividades da vida humana, a busca dos alimentos, a preparação dos pratos e o tempo consagrado à mesa e à digestão demandam uma duração que por si só já é uma forma de intervir na sua longevidade! Mas não é apenas isso. Há muitos séculos que os arautos da longevidade propõem regimes alimentares capazes de transformar os seus contemporâneos em centenários. No seu "tratado sobre a arte de prolongar os dias", Luigi Cornaro, membro da célebre dinastia de doges, de Veneza, propõe receitas mais ou menos complexas que não excluem o vinho! Ao serem interrogados sobre os seus hábitos, muitos centenários parecem concordar a respeito da grande importância da alimentação. Quase todos têm as suas receitas, mas não há dois deles que tenham a mesma. Enquanto um centenário jura que não há nada melhor que mel, um outro acha que o alho é o que importa. Um terceiro tem uma devoção incondicional pelos laticínios, ao passo que um quarto é um vegetariano convicto. Alguns renunciam definitivamente ao café, substituindo-o pelo chá, e outros optam pelo inverso. A abstinência alcoólica de alguns é absoluta, mas a maioria não dispensa o vinho, chegando a considerá-lo como água da vida (da vida longa?), o licor ou outras bebidas fortes. Muitos exibem uma forte inclinação para o chocolate. Enfim, para eles o importante não seria o regime em si, mas o cultivo de convicções e ritos.

Como se vê, a alimentação é uma espécie de automedicação cotidiana de muitas dimensões, autorizada e indispensável. Conhecer aquilo que o corpo necessita e saber como supri-lo é atuar como... um terapeuta! A nutrição é uma ciência relativamente recente que ainda não está muito interessada nas necessidades específicas dos idosos e na relação que pode existir entre os seus postulados e a idade. Não resta dúvida de que a alimentação desempenha hoje um grande papel na longevidade e na vitalidade de todos nós. As recomendações dietéticas variam muito em função da idade e do estado de saúde das pessoas. Portanto, não existe nem existirá jamais um "regime padrão". Mas já existe um certo número de regras gerais com valor comprovado, que deixam uma certa margem de manobra indispensável... à satisfação pessoal de cada um de nós.

Contrariamente a uma opinião comum, não é porque se envelhece que se deve comer menos. A idade não é por si mesma um motivo para fazer regime. Essa incitação ao regime tem sua origem na moda (a atração pela magreza) e nas campanhas tão mal compreendidas contra a obesidade. Estima-se ainda que se a atividade física pode ser (muitas vezes) reduzida o conteúdo do prato também pode ser reduzido. O que é feito sem qualquer discernimento. É claro que a obesidade deve ser tida como um fator de risco, mas a magreza também representa o mesmo perigo para as pessoas idosas. Todas as pesquisas que têm apresentado a obesidade como um risco para a saúde, em particular aquelas que se baseiam nos quadros da Metropolitan Life Insurance Company, foram feitas com jovens adultos. Sobre este grupo da população, já foi claramente provado que o excesso de tecido adiposo (sobretudo o localizado na região abdominal) constitui um risco importante de mortalidade e de morbidade, principalmente com doenças coronarianas, complicações cirúrgicas, diabete e artrose. Mas hoje já se sabe que os riscos da obesidade diminuem com o avanço da idade. A mortalidade será então mais fraca a partir dos 60 anos de idade nas pessoas que apresentam um sobrepeso relativo, isto que os médicos consideram como uma simples sobrecarga ponderada. Neste caso, algumas reservas ajudam a resistir às agressões e às infecções. E o (maldito) culote dos quadris pode ser útil para amortecer as quedas e evitar as fraturas do colo do fêmur! A primeira regra consiste, portanto, em não reduzir os alimentos e não se privar deles apenas porque se está envelhecendo. E se houver a falta de apetite, convém estimulá-lo com algo que possa despertá-lo: satisfazer-se para — sobretudo — não emagrecer!

A segunda regra consiste em não esquecer qualquer dos nutrientes indispensáveis: proteínas, glicídios, lipídios e também cálcio, vitaminas, fibras... Embora as verdadeiras carências sejam raras na França, certos déficits podem levar à anemia, à baixa das defesas imunológicas, a problemas de absorção, etc. As cotas protéicas em qualidade e quantidade suficientes (muito peixe) são indispensáveis, pois contribuem para o capital muscular. As vitaminas sempre necessárias são, via de regra, compensadas por uma alimentação diversificada. No entanto, com idades mais avançadas tem-se observado uma redução espontânea associada à evolução dos gostos e das cotas de sais minerais (zinco, ferro, cobre) e de vitaminas (B e C em primeiro lugar, e depois A, D, E, K...). Deve-se então pensar nos suplementos. Da mesma forma que uma exposição razoável aos raios solares assegura o metabolismo da vitamina D, os suplementos alimentares tornam-se úteis quando advém a idade da osteoporose. Diversos alimentos são ricos em vitamina D, principalmente os laticínios. Eles apresentam a vantagem de suprir as necessidades ósseas de cálcio e vitamina D. Já foi comprovado que uma cota diária de mil miligramas de cálcio e de 400 a 800 Unidades Internacionais de vitamina D melhora a densidade óssea e reduz a incidência de fraturas. Alguns nutricionistas, em particular os norte-americanos, recomendam a inclusão sistemática de outras vitaminas, sobretudo as vitaminas E e C. Esses complementos (em doses fracas, porque excessivas tornam-se nocivas) melhoram o sistema imunológico e, por conseqüência, reduzem os riscos de infecções. As fibras encontradas nas frutas, nos legumes e em alguns glicídios, como o pão integral, favorecem o trânsito intestinal e reduzem a probabilidade de câncer do cólon e do reto. As fibras regulam o equilíbrio glicêmico, desacelerando a absorção dos glicídios. Por fim, as verduras são a principal fonte natural de combatentes dos radicais livres, com os carotenóides e os flavonóides. Os carotenóides (vitamina E, vitamina C...) são os pigmentos naturais que asseguram a fotossíntese e a fotoproteção das plantas. Eles são assim denominados por causa da cenoura (carota), mas isso não significa que não sejam encontrados na ervilha, no damasco, no tomate, no espinafre... Eles absorvem a luz e neutralizam os radicais livres. E para estas reações são necessárias muito poucas quantidades de selênio e de zinco. Os carotenóides podem combater o envelhecimento, mas também podem reduzir o aparecimento de certas afecções (cânceres, doenças cardiovasculares, mal de Alzheimer, catarata, degenerescência macular associada à idade). Um grande número de pesquisas está em curso para verificar os seus efeitos de proteção.

A terceira regra consiste em desfrutar os benefícios do desenvolvimento econômico do nosso país e das suas tradições culinárias: suficiência, diversidade e qualidade de alimentação, prazeres à mesa "à francesa". Ainda que duramente criticada, a nossa produção agrícola não deixa por isso de suprir nossas necessidades. Associada à melhoria dos controles sanitários, às novas técnicas de conservação e à rapidez da distribuição, ela faz chegar às nossas mesas produtos frescos e de boa qualidade nutritiva. O que é realmente um acontecimento marcante da nossa época. Quanto aos prazeres da mesa, a França os celebra sem nenhuma culpa, fazendo deles um fator genuinamente positivo que contribui para o nosso equilíbrio alimentar. As tradições culinárias e a alegria do convívio compartilhado à mesa fazem das refeições uma cerimônia e uma terapia! Para quem não acredita nisso, recomendamos observar os efeitos da solidão. Sozinho à mesa, não se está à mesa. E o hábito de mordiscar acaba substituindo as refeições equilibradas. Enfim, poder alimentar-se até o fim da vida nem sempre fica por conta da própria pessoa. Aliás, não era apenas a perda dos dentes que espreitava ao redor dos velhos! Mais uma vez, o grande perigo estava ligado à solidão. Na sociedade essencialmente rural e não-mecanizada de antigamente, o homem cujas forças estivessem declinando se via incapaz de assegurar a própria subsistência.

Sem filhos e sem netos para cuidar da terra e garantir as suas refeições, este homem era reduzido à mendicância. Naquela época, *vae solis*, coitado do homem só, e mais ainda da mulher sozinha! Nos países (como os da África negra) onde persiste este esquema agrário e os incrementos sociais ainda engatinham, as coisas não mudaram: a mulher idosa sozinha é quase que obrigatoriamente pobre e faminta. Saibamos então apreciar o privilégio de poder comer satisfatoriamente até o fim dos nossos dias.

Os hábitos alimentares dos franceses nunca deixam de intrigar os norte-americanos. Chegou-se até a identificar a dieta mediterrânea — composta de azeite, peixe e vinho tinto — como fator de longevidade. E a isto se acrescenta hoje o *french paradox* (o paradoxo francês), porque no Sudoeste da França o regime alimentar não segue as recomendações dos nutricionistas do outro lado do Atlântico, mas nem por isso esta região deixa de apresentar um índice menor de doenças cardiovasculares e uma expectativa maior de vida com relação ao resto da França e de outros países europeus. Nós, franceses, consumimos muita gordura (somos o país do guisado, dos doces amanteigados e dos patês) e muito álcool. Justamente! O vinho contém os flavonóides (o vinho tinto mais que o branco) que servem de proteção contra as doenças cardiovasculares e os cânceres. O álcool também permite um melhor metabolismo das gorduras que circulam no sangue. Mas a honestidade nos obriga a admitir a intervenção de outros fatores que concorrem para a longevidade, tais como: o nível socioeconômico, a qualidade de vida, o acesso aos cuidados médicos, o meio ambiente... E sem querer deixar de lado o vinho, é preciso esclarecer que a sua riqueza em flavonóides não o torna obrigatoriamente um elixir da juventude. Ele deve, portanto, ser consumido com moderação. Mesmo porque, o alcoolismo é um dos fatores que contribuem para o mau envelhecimento. São inúmeras as razões que levam as pessoas para a bebida: o tédio, a solidão, as decepções, os lutos, as renúncias... Algumas bebem sozinhas, outras encontram no bar o convívio social que lhes falta. Entre outras coisas, o alcoolismo pode induzir verdadeiras desnutrições e subnutrições, responsáveis por transtornos extremamente graves.

Para concluir, quatro palavras devem ser gravadas em letras de ouro na sua geladeira: equilíbrio, diversidade, convívio social e prazer.

A MEDICINA ORQUESTRA!

O papel do clínico geral é capital e insubstituível. Com o conjunto de suas ações preventivas como educação sanitária, profilaxia antiinfecciosa, combate aos fatores de riscos cardiovasculares, combate aos cânceres iniciantes; enfim, com estas e outras ações, este médico é o meio mais seguro para se chegar a uma velhice fisiológica saudável e evitar a velhice patológica assombrada e encurtada pelas doenças. Mas não daremos um modelo para a prevenção da velhice patológica, porque não existe este modelo. Somente o médico em face de cada caso particular pode julgar as melhores estratégias, que por sua vez devem obedecer aos princípios gerais que seguem passo a passo o progresso da gerontologia. De todo modo, citaremos as mais comuns, as mais sólidas e as mais formais destas estratégias.

A EDUCAÇÃO SANITÁRIA

A educação sanitária já está praticamente feita! Todo mundo conhece os méritos do exercício físico e dos regimes alimentares equilibrados, e os malefícios do tabaco, do álcool... Mas isso não quer dizer que todos concordam com o que já foi dito. Cabe então ao médico encaminhar o paciente para esses grandes princípios fundadores da saúde em todas as idades da vida, sobretudo as mais elevadas.

A PROFILAXIA ANTIINFECCIOSA

Na idade avançada, a imunidade reduz e a sensibilidade para as infecções aumenta. Três vacinas simples e praticamente inofensivas são recomendadas às pessoas idosas em particular: antitetânica, antigripal e antipneumocócica. A primeira porque ficou esquecida por algumas décadas e as outras duas porque a gripe e a pneumonia são dois males freqüentes e graves (mortais) para os idosos. Geralmente as últimas vacinações remontam ao serviço militar dos homens e à infância das mulheres. As revacinações de todo gênero, escrupulosamente observadas ao longo da infância, acabam sendo esquecidas na idade adulta. É verdade que algumas infecções preferem aparecer em certas faixas etárias e que o sistema imunológico da criança tem muito a "aprender". Mas isso não justifica o descaso! O tétano, em particular, aproveita-se desta negligência. Transmitida por "pontas enferrujadas e espinhos de roseira" (na realidade, por formas adormecidas e muito resistentes do bacilo, que sobrevivem ao sol e revelam-se no organismo do indivíduo), essa doença atinge principalmente os idosos. A longa proteção conferida pela vacinação pode suportar o esquecimento de algumas revacinações, mas todo cuidado é pouco! Sobretudo quando a pessoa se dedica a trabalhos artesanais e à jardinagem, atividades que aumentam o risco de infecção. Deve-se, portanto, fazer revacinações completas e, para não esquecer que elas precisam ser renovadas de dez em dez anos, é aconselhável prestar-se à revacinação em anos "redondos": 1990, 2000, 2010 etc. A vacina antigripal deve ser anual. Existem novos surtos a cada ano que não possuem as características antigênicas dos surtos anteriores. Ainda que os pesquisadores estejam sempre tentando antecipar estas modificações, alguns vírus que surgem são muito originais e tornam a proteção da vacina insuficiente, de modo que a epidemia de gripe acaba sendo mundial. Felizmente, esta eventualidade é rara. Quanto à vacina antipneumocócica, menos conhecida e mais controversa, ela permite evitar uma grande parte das graves afecções pulmonares dos idosos.

O COMBATE AOS FATORES DE RISCO CARDIOVASCULARES

As doenças cardiovasculares representam a primeira causa de morbidade e mortalidade dos idosos. Identificar e tratar as anomalias conhecidas por aumentarem os riscos de desenvolver uma doença cardiovascular à frente é, portanto, uma tarefa fundamental. O combate básico é simples e barato: medir a pressão arterial e a dosagem dos lipídios sanguíneos. Na idade avançada, a pressão arterial tende a elevar-se de forma progressiva. Durante muito tempo pensou-se que esta elevação era fisiológica e compensatória. E que se tratava de uma adaptação à rigidez dos vasos para assegurar a melhor irrigação possível dos tecidos. No entanto, importantes estudos epidemiológicos conduzidos com medicamentos anti-hipertensores demonstraram, primeiro com os adultos jovens e depois com os mais idosos e até com os muito idosos, que era bem mais benéfico manter as cifras tensionais inferiores a 160 mm de mercúrio para a máxima (pressão sistólica) e a 95 mm de mercúrio para a mínima (pressão diastólica). Em todas as idades, inclusive nas elevadas, o tratamento da hipertensão arterial faz baixar o número de acidentes cardiovasculares: acidentes vasculares cerebrais (os "ataques" que se traduzem por uma hemiplegia — paralisia da metade direita ou esquerda do corpo — eventualmente associada aos problemas da fala), infarto do miocárdio, insuficiências cardíacas e renais. O tratamento da hipertensão arterial é um dos grandes sucessos da moderna medicina preventiva. Ele tem feito baixar consideravelmente a morbidade e a mortalidade cardiovascular. Deve-se, então, levar a sério e seguir escrupulosamente os tratamentos anti-hipertensores prescritos, os medicamentos e os conselhos médicos associados à higiene e à dieta alimentar.

Alguns lipídios sanguíneos participam da constituição das placas intravasculares de ateroma, obstáculos à progressão do sangue e, por conseguinte, da irrigação dos tecidos. Os lipídios sanguíneos não são todos da mesma natureza e da mesma periculosidade! Existe assim um bom e um mau colesterol, e os riscos expostos pelo "mau" colesterol não são os mesmos aos 50 e aos 70 anos de idade. Eis por que as hiperlipidemias não são tratadas nem sistematicamente nem todas da mesma maneira. E as tolerâncias são muito maiores para os idosos do que para os mais jovens.

O COMBATE AOS CÂNCERES

Os cânceres mais freqüentes são objeto de investigação sistemática. São os cânceres da mama, do colo do útero, da próstata, do cólon e do reto. Os outros, mais raros, são investigados apenas quando existe um ou diversos fatores de risco. Ou seja, as técnicas de investigação (a importância dos meios colocada em ação) serão diferentes segundo a probabilidade do risco, avaliado a partir dos antecedentes familiares e do modo de vida do sujeito. É evidente que a apalpação dos seios não é o bastante no caso de uma mulher cuja mãe e duas irmãs faleceram por causa deste câncer. Para as mulheres, os primeiros exames investigativos são a apalpação dos seios, a mamografia e o exame cervical (amostra das células do colo do útero). Uma das vantagens trazidas pela contracepção feminina para a geração do *baby boom* (e para as gerações que a sucederam) foi a de ter familiarizado as mulheres com as consultas ginecológicas. Mesmo mais tarde, por ocasião da menopausa, este hábito persiste. A prática sistemática dos exames ginecológicos, com uma freqüência que evolui em função da idade, tem feito recuar sensivelmente o número de cânceres do útero. Para os homens, o toque retal é o primeiro exame investigativo dos tumores da próstata. Um exame que é sistematicamente aconselhado a partir dos 50 anos de idade e que geralmente é recusado por aqueles que não se queixam de problemas nesta "esfera". É preciso então que as mentalidades comecem a evoluir com urgência... Enfim, a investigação dos cânceres colo-retais através do exame de sangue nas evacuações ou da inspeção visual do intestino grosso (retosigmoidoscopia) deveria se generalizar e não ficar restrita às pessoas com riscos aumentados (antecedentes familiares, pólipos...). Estes primeiros exames são completados por investigações mais específicas quando seus resultados são positivos ou quando os fatores de risco do paciente os exigem... No futuro, a pesquisa dos marcadores séricos (substâncias que circulam no sangue e que testemunham a existência de tumores) fará parte dos exames investigativos e indubitavelmente ampliará sua eficácia.

A PREVENÇÃO DA OSTEOPOROSE

Para as mulheres, o tratamento de reposição hormonal instaurado a partir da menopausa assegura uma prevenção incomparável dos riscos de osteoporose, lesões vertebrais e fraturas dos ossos maiores, particularmente o colo do fêmur. E ele aumenta sensivelmente a expectativa de vida sem incapacidade. Os seus efeitos benéficos sobre o moral, a sexualidade e o envelhecimento cutâneo não podem ser negligenciados. As pesquisas estão em curso com o objetivo de demonstrar que ele assegura uma prevenção cardiovascular eficiente, o que é altamente provável. Ele também poderá reduzir o risco de demências do tipo mal de Alzheimer. Mas o tratamento hormonal é passível de algumas contra-indicações relativamente raras e, sobretudo, de má reputação. Argumenta-se que a menopausa é uma etapa natural que deve ser respeitada e que a reposição hormonal pode aumentar o risco de desenvolver um câncer de mama ou de útero. Na realidade, o aumento desse risco revela-se ínfimo e largamente compensado por todas as vantagens do tratamento. Afora isso, as mulheres tratadas são beneficiadas por uma sobrevivência mais longa e por investigações precoces. Além da reposição hormonal, o tratamento preventivo da osteoporose também associa os exercícios físicos, o cálcio e a vitamina D. Os homens que não podem ser beneficiados pelo tratamento hormonal devem se conformar. Em contrapartida, diferentemente do que ocorre com as mulheres, a osteoporose os atinge bem mais tardiamente e a desmineralização dos seus ossos nunca alcança níveis tão catastróficos. Somente 10% das mulheres na menopausa recebem o tratamento de reposição hormonal. E essa porcentagem é certamente mais elevada entre as mais jovens desse grupo de mulheres. Aqui também as barreiras psicológicas precisam ser superadas!

O COMBATE ÀS DEFICIÊNCIAS SENSORIAIS

Depois da presbitia (dificuldade em enxergar de perto) quase generalizada, voluntariamente aceita e facilmente compensada pelo uso dos óculos, a baixa da audição é o déficit sensorial mais freqüente da idade avançada. Sua particularidade é ser geralmente acompanhada pela denegação. Durante meses ou anos, o indivíduo recusa-se a admitir suas dificuldades, mesmo com os comentários mais formais do seu círculo de amigos. A presbiacusia — é o nome deste déficit — pode ser reconhecida na "síndrome do coquetel". Nos ambientes de confusão sonora como, por exemplo, o de um coquetel em salões barulhentos, o sujeito encontra todas as dificuldades do mundo para manter uma conversa, mesmo com o interlocutor à sua frente. Sua compreensão é sempre perturbada pelo barulho ao fundo. Com isso, ambos os interlocutores aumentam o tom da voz e são seguidos por todos que estão ao redor: é a lei física da relação "sinal-barulho". Aumentando o barulho (de fundo), cada um dos presentes aumenta a intensidade do sinal; ou seja, acaba falando mais alto para cobrir o barulho ambiente e isso resulta em mais barulho, até atingir a cacofonia geral! (A boa e única solução teria sido a decisão de todos falarem mais baixo.) Não é necessário elevar o nível sonoro a tais extremos para que o portador de presbiacusia seja capaz de manter uma conversa ao lado de outras pessoas que também conversam. A diferença entre o número de pessoas portadoras de presbiacusia e o número de pessoas que recorrem à prótese é impressionante. Portanto, a má audição é uma causa importante de desintegração social e o hábito de fechar-se em si e isolar-se traz conseqüências muito pesadas para o envelhecimento! Os aparelhos auditivos em miniaturas são capazes de desempenhos extraordinários. Seus amplificadores são tão pequenos que se alojam até mesmo no interior do canal auditivo, e eles podem ser pré-programados em função de ambientes sonoros diferentes (conversa frente a frente, refeições em família, cinema, veículo etc.). O principal inconveniente deste aparelho é o seu custo. Mas com ele a presbiacusia pode ser evitada. Sem ele, os barulhos muito fortes tornam-se verdadeiras marteladas para os órgãos extremamente frágeis do ouvido interno. A intensidade e a repetição desses barulhos destroem as células neurossensoriais, às vezes de zonas inteiras. E as condições propícias para tal estrago são numerosas: fogos de réveillon, exercícios de tiro, máquinas ligadas no volume máximo e sons de buzina, de clubes noturnos e principalmente de discotecas... O resultado não é "sentido" na hora, mas ele aparece alguns anos mais tarde.

E, PARA CONCLUIR...

O conjunto dessas medidas preventivas não é, no entanto, a única tarefa do médico. Afinal, ele previne, investiga e faz o tratamento de muitas outras patologias: problemas com o equilíbrio, a locomoção, a memória, o sono, o humor (os riscos de depressão são elevados entre os idosos), a incontinência etc. O médico também tem que se assegurar de que os diferentes tratamentos prescritos por ele mesmo ou por outros especialistas eventualmente consultados sejam compatíveis entre si. E ele ainda orienta o paciente com conselhos: regime alimentar, atividades físicas, segurança doméstica, modo de dirigir etc. Todas essas medidas estão na origem do recente e formidável aumento da expectativa de vida registrado na segunda metade da existência. No entanto o número de pessoas beneficiadas por esse cenário é ainda bastante limitado. E por quê? A informação ainda é insuficiente? O fatalismo face ao envelhecimento continua relevante? Ou será que a culpa é dos políticos responsáveis pelas verbas para a saúde? E, já que tocamos no assunto verbas para a saúde, não podemos deixar de lado a cirurgia estética e a qualidade de vida! Ser e parecer estão de tal forma ligados que para algumas pessoas não há qualquer mérito em ser sem parecer. A cirurgia da beleza e da juventude é mesmo supérflua, um mero acessório, ou deveria ter por direito um lugar na gerontologia? Eis uma questão delicada! De todas as intervenções médicas que têm por objeto frear o envelhecimento, a cirurgia estética é a mais contestada. Mas seria ela realmente a mais contestável? Será que essa necessidade não é sentida por todos nós? Se em vez de comprar uma mesa de jantar ou o último modelo de um carro, ou de fazer uma reforma no sítio ou encher a adega com bons vinhos, você prefere remover as rugas do seu rosto ou fazer uma remodelação completa na sua silhueta, alguém tem o direito de a censurar? Cada um de nós tem os seus próprios valores e todos eles são respeitáveis! Além do mais, intervenções estéticas ou reformas em sítios não subvertem a estabilidade social, até porque nenhuma delas é reembolsada pelo Estado! E ninguém pode negar que qualquer dessas atitudes é certamente uma fonte de vitalidade.

E O SEXO EM TUDO ISSO?

Esta é a questão que muitas vezes se coloca por último, com um desprendimento mal fingido e um incômodo bem real, pois, apesar de ser importante para todo mundo, nem sempre é reconhecida como tal. A interrogação a respeito do futuro distante por parte dos adultos jovens comporta inegavelmente um pouco da mesma ansiedade e da mesma carga de desconhecimento experimentadas pelas crianças que tentam imaginar a vida sexual após a adolescência. A sexualidade aparece como o mais perfeito bode expiatório da longevidade. É difícil conjugar ao mesmo tempo longevidade e sexualidade. E aqui a réplica é clara: uma floresta de tabus precisa ser derrubada. Existem poucos domínios cujos arquétipos sejam tão antigos e os estereótipos tão pouco renovados e que podem concorrer com uma verdade intangível como esta: "Os velhos não fazem amor." Ora, com a idade, a sexualidade sofre modificações, evoluções e adaptações, mas não desaparece, seja ela uma questão de "querer" ou de "poder". Os preconceitos e a resignação exercem uma incidência negativa sobre as nossas possibilidades. Muitos daqueles que acreditavam que essa página estava virada, acabaram diante da revelação viva de um corpo que supunham como morto. Depois do demônio da maturidade com todas as suas tentações, existem outros demônios da pós-maturidade da vida! Sigmund Freud levantou de tal maneira o véu da libido e de todas as sombras eróticas dos nossos pensamentos e comportamentos, que nem mesmo por um só segundo podemos acreditar que todo esse sistema termina num determinado momento da vida. O sexo é uma função, uma necessidade, uma dimensão do homem e da mulher em todas as idades. E para falar mais claro ainda: atração, desejo, prazer e orgasmo são sempre possíveis ao longo de toda a vida. Tanto para o homem quanto para a mulher, o sexo (a fórmula simples e ousada para a sexualidade) pode assumir outros giros, mas independentemente da forma assumida ele persiste, seja sublimado e intelectualizado ou primitivo e "bestial". Neste assunto, há grandes variações entre as gerações, bem maiores até do que em outros domínios. Logo, as comparações entre octogenários nascidos em 1915 e quadragenários nascidos em 1955 estão na origem de algumas conclusões largamente errôneas. Medir as evoluções da sexualidade em relação à idade significaria comparar um grupo de indivíduos nele mesmo, deixando passar 40 anos entre a primeira e a segunda avaliação. Mais uma vez um estudo tipicamente gerontológico: 40 anos de espera pelos resultados! Até mesmo uma organização como a OMS (Organização Mundial de Saúde) evoca a dimensão sexual da humanidade envelhecida. E ela ainda enfatiza a existência de uma verdadeira explosão do interesse e dos conhecimentos sobre este assunto.

Ainda em nossos dias, a imagem de um casal de velhos fazendo "outra coisa" que não seja namorar platonicamente em bancos de praça ou tomar sol de mãos dadas continua chocando e ferindo os nossos sentimentos mais profundos. Talvez porque essa imagem nos remete a nossos pais e a nossa própria concepção, independentemente da idade que temos! As relações amorosas da segunda etapa da vida dão a impressão de que estão situadas entre o ridículo e a inconveniência. A partir daí, elas acabam se trancando e sendo trancadas. Nessa idade, o amor está desvinculado de toda justificativa reprodutora. E como para alguns a reprodução é a única razão de ser para o amor, relacionamentos assim tornam-se antinaturais! Eis algo que é difícil de ser assumido. O comportamento do ancião ou, pior, da anciã que faz amor aos 80 anos é qualificado como patológico por quase todo mundo, mesmo que suas práticas e atitudes sejam estritamente equivalentes às dos jovens. Alguém qualificaria um jovem como libidinoso? Eis então, de forma bem curiosa, um domínio onde a preservação da competência e do desempenho não é muito apreciada pela nossa cultura! Sempre preferimos a imagem mais "apropriada" de uma velhice assexuada e sem desejos. Abaixo a caçoada grosseira.

As maiores investigações americanas sobre a sexualidade sempre excluíram sistematicamente as pessoas idosas do seu recrutamento, presumindo que elas não teriam mais nada a dizer. Somente os idosos que vivem em asilos (portanto, menos de 5% entre todos) são objeto de alguns estudos. Em razão da promiscuidade, esses lugares são propícios a encontros e aventuras amorosas, com uma nítida vantagem masculina sobre a população feminina. Mas a maior parte das instituições adota uma política sexual muito dissuasiva. A falta de intimidade é total (portas abertas, trânsito constante de pessoas...) e, quando ocorre um idílio, a hostilidade é francamente acentuada. Muito freqüentemente, os idosos aceitam resignadamente essa censura e correspondem de maneira implícita ou explícita à castidade que lhes é imposta. Ou então, se fecham.

Fazer indagações sobre a sexualidade dos idosos é sempre extremamente delicado. Se já é difícil falar da sua vida íntima para os amigos, como então confiar seus segredos a desconhecidos muitas vezes bem mais jovens e até do sexo oposto? Além disso, neste domínio, muito mais do que em qualquer outro, existe uma grande diferença entre o que se pensa, o que se diz e o que se faz. A falta de dados ainda é grande, mas já se têm algumas certezas. A grande alternativa da sexualidade é a seguinte: servir-se dela ou perdê-la. Isso é ainda mais verdadeiro na idade avançada. A prática regular é essencial à sua "conservação". Uma pesquisa recente mostrou que 29% de um grupo de homens de 80 anos para cima mantêm relações sexuais semanais. Quanto às mulheres, elas são em grande parte dependentes dos homens e em número menor que o deles. Então, relembremos. É pouco provável que se venha a mudar radicalmente de comportamento com o envelhecimento: a vida sexual na velhice estende-se na linha que foi adotada ao longo da vida. Quer diga respeito à freqüência ou ao tipo de práticas (o registro de comportamentos é bem vasto), as correlações entre o passado e o presente são fortes. Qualquer que seja a idade, a necessidade sempre existe, satisfeita ou não. Na velhice, os dois elementos que determinam a qualidade da vida sexual são para ambos os sexos a existência de doenças (urogenitais ou gerais) e a falta de parceiro (ou de disponibilidade para a parceria, sobretudo no caso de doença). As doenças que provocam a disfunção sexual com mais freqüência são as afecções cardiovasculares e neurológicas e os problemas hormonais (diabete). Acrescente-se a essa lista alguns efeitos secundários de certos medicamentos. A investigação dos problemas sexuais, que certamente beneficiaria um bom número de pacientes, ainda é rara. Pois dificilmente esse assunto é abordado com os idosos, mesmo na intimidade do consultório médico. Portanto, o simples fato de abordar o problema já representa um grande passo para a cura.

A manutenção da atividade sexual é, quase por definição, subordinada à existência de um parceiro. Homens e mulheres não são colocados no mesmo conjunto. Se socialmente já é difícil para os idosos "celibatários" encontrar ocasiões para encontros, a dificuldade aumenta ainda mais para as idosas. Mesmo em condições iguais para encontros, é sempre mais difícil para a mulher encontrar um parceiro. E existem duas explicações para isso. A primeira está na grande longevidade feminina: na idade de 100 anos, a proporção é de sete mulheres para um homem. Mas não é preciso esperar por essa idade para refazer sua vida. A segunda está na diferença de idade entre os cônjuges: o homem centenário não é — não mesmo — um idoso quando sua esposa tem 20 anos menos do que ele! Se as diferenças de idade entre os casais fossem inversas, de modo que a mulher tivesse algumas dezenas de anos a mais do que o marido, o quadro da longevidade seria "apagado" e as viúvas solitárias, muito mais raras. A evolução demográfica faz da sexualidade das mulheres idosas um problema real para a sociedade. Pois, não podendo expressar sua libido, elas a bloqueiam. No entanto já são muitos os médicos que ousam encorajar suas pacientes, na falta de outra opção, a recorrer à masturbação como uma atividade sadia (a despeito das caraminholas que elas possam ter escutado na infância), quer seja instrumental ou não. Essa solução responde apenas a um aspecto do problema, mas permite resolver as tensões mais fortes e evitar maiores frustrações. De todo modo, os vibradores não apresentam respostas para necessidades como sedução, ternura e valorização recíproca, que fazem parte das relações amorosas. A desordem sexual e amorosa das mulheres idosas pode tornar-se uma justificativa para a poligamia na velhice.

UM TESTEMUNHO SOBRE O SEXO

Até a chegada dos anos 1970 havia na região parisiense (e, sem dúvida, em toda a França) alguns estabelecimentos gigantescos com milhares de leitos: os asilos. Modificando a organização dessas estruturas e medicando-as, o legislador acreditou ter banido, com a caneta, esse vocábulo muito usado e conhecido (por sua etimologia), ainda que muito mal conotado. Os asilos tornaram-se hoje lugares nos quais existe vida. Mas apesar dos grandes progressos realizados, sem dificuldades, que seja dito, pois embora variadas as condições de vida não eram lá muito reluzentes, essas instituições acabaram parecendo mais penitenciárias do que hotéis. Já se fizeram muitas troças das experiências americanas com cidades exclusivamente habitadas por aposentados, um outro tipo de concentração monogeracional de velhos como a de Sun City, no Arizona (50 mil habitantes). No entanto a comparação das duas abordagens coloca a nós, franceses, em desvantagem. Naquela época, no caso de não se poder viver com a família, devia ser mesmo bem melhor viver em Sun City do que em asilos. A maior parte dos pensionistas dos asilos ficava alojada em grandes cômodos comuns que comportavam até 60 leitos, em torno de uma sala central. Havia, no entanto, uma forma de alojamento mais humana do que as outras, denominada "suíte de casais", porque era reservada aos casais legítimos. Eram apartamentos modestos — quitinetes — que abrigavam um quarto e uma cozinha. Quando um dos dois ocupantes morria, o outro (estatisticamente, a esposa) era obrigado a retornar ao alojamento comum. A não ser que esse outro se casasse rapidamente! As viúvas logo se deixavam cortejar pelos seus pretendentes, que por sua vez se apressavam com a dupla perspectiva de sair do alojamento comum e de ter uma companhia. Para que houvesse um novo casamento, a lei impunha um período respeitoso de dez meses de viuvez, já que assim não havia o risco de nascer uma criança atribuída a um pai que não fosse o seu, uma precaução bem supérflua devido à idade dos pensionistas. Durante esse período, a administração tolerava a presença da viúva no seu apartamento para que ela pudesse escolher um novo marido. Os casamentos podiam repetir-se diversas vezes durante a estada das pensionistas no asilo, não porque elas gostassem de trocar de marido, mas pela diferença da expectativa de vida entre homens e mulheres. E como a sexualidade nunca deixa de se manifestar, mesmo em idades avançadas, as viúvas "ensaiavam" com seus vários pretendentes. Essas trocas de parceiros tanto traziam benefícios como gonorréias! A ocorrência dessa doença era tão comum que na pequena comunidade de Limeil-Brévannes, numa época em que declinava na França o número de casamentos, as taxas de matrimônios — e de gonorréias — eram as mais elevadas do país! Sobre outros aspectos também cruéis e que dizem respeito à sexualidade no interior dos asilos, podemos nos remeter ao filme italiano *A casa do sorriso*, de Marco Ferreri, no qual um casal ilegítimo utiliza subterfúgios engenhosos para satisfazer seus desejos, causando grandes danos ao círculo de seus amigos.

Quando é socialmente possível, a vida sexual na velhice torna-se realidade. Para as mulheres que conheceram a dor causada pela gravidez indesejada, a menopausa representa uma verdadeira libertação. A sexualidade bem-sucedida é um dos fatores do envelhecimento bem-sucedido. Ela é assim uma dimensão da vida que deve ser desfrutada sem culpa. Mas o nosso propósito não é tirar a culpa de uns para colocá-la em outros, os que abandonaram toda a sexualidade, e muito menos agravar a pena daqueles que dela foram privados. A vida afetiva está longe de ser exclusivamente sexual ou amorosa. As relações de amizade e de família merecem os mesmos investimentos e também participam do envelhecimento bem-sucedido. As relações sociais são estimulantes e a necessidade de seduzir e agradar também pode levar qualquer um a cuidar da sua imagem. Eis uma das principais alavancas da alegria de viver.

DESEJAR, AINDA E SEMPRE!

"*Chega o dia em que lhe falta uma só coisa que não é objeto do seu desejo: o desejo*" (Marcel Jouhandeau). Entre todas as funções que correm o risco de sofrer alterações com o avanço da idade, uma das mais preciosas é o desejo. Pode-se viver sem desejo? O desejo assemelha-se à vivacidade, ao impulso vital e à alegria, que fazem parte de uma função geral denominada conação. As três dimensões do psiquismo descritas por Aristóteles, em sua obra *A Metafísica* (aquilo que está além da física), são a conação, a cognição e a afeição. A conação corresponde ao desejo, à vontade, que é querer e fazer (ou querer fazer). A conação se refere à ação sob o ângulo da intenção e da motivação. É a conação que nos faz ter vontade de agir e que desperta a nossa curiosidade em relação ao futuro e nos faz viver. A cognição corresponde à reflexão, ao manejo das informações. Ela se refere à memória, à inteligência, ao raciocínio, às operações mentais e à faculdade de abstração. Isso é o conhecimento, o saber. Nos últimos anos o conceito de cognição tomou um impulso considerável junto ao fantástico desenvolvimento das neurociências e ao interesse pelo mal de Alzheimer. O termo e o adjetivo contíguo (cognitivo) foram então rapidamente difundidos nos textos científicos. E assim a expressão "funções cognitivas" acabou substituindo as outras denominações: atividades corticais superiores ou funções intelectuais. A afeição, ou o afetivo, conforme passou a ser chamada depois, está associada aos sentimentos, às emoções.

A conação oferece uma noção operatória de muita importância para a gerontologia, sejam suas abordagens filosóficas, psicológicas ou médicas. A etimologia da palavra conação esclarece o seu conteúdo. Conação vem do verbo latino *conor*, que significa "se esforçar", "fazer" (ou tentar obter) um esforço; e, sobretudo, preparar-se para enfrentar qualquer coisa, dispor-se para ação, preparar-se para agir. Ela corresponde ao termo grego *ormê*, no sentido original de assalto, mas com a seguinte nuance: trata-se do primeiro assalto, do primeiro ímpeto de uma ofensiva. No sentido figurado *ormê* também significa o primeiro ímpeto, o impulso. Os filósofos da escola estóica deram a esse termo o significado de impulso dos sentidos, de instinto, em oposição à livre vontade, governada pela razão. É na filosofia que o conceito de conação foi explorado pela primeira vez. A conação explica o movimento natural, anterior a todo assentimento, ao passo que o desejo é posterior ao assentimento. Para Spinoza, isso é uma característica de todos os seres, em razão da qual cada coisa, segundo sua *potência de ser*, se esforça em perseverar. O que é, portanto, a propensão do corpo ao movimento e a do espírito ao pensamento. Existe aí a idéia de uma potência de vida. A idéia mesma de sobreviver e, por conseguinte, de envelhecer não estaria contida na de perseverar no seu próprio ser? Reencontra-se uma noção similar nos grandes teóricos da mecânica universal clássica (Galileu, Leonardo da Vinci, Huygens, Leibniz). Com o movimento tendo a sua origem num ímpeto, uma força ativa dirigida ao futuro e abrigando em si os pressentimentos dos instantes ulteriores. Hobbes estendeu ao homem essa noção de determinação instantânea do movimento. O homem é um corpo animado por um movimento interno, uma espécie de *élan* vital.

Não é, portanto, de hoje que se postula a existência de uma função conativa no homem que, a despeito de ser autônoma ou não, inicia, prepara e dá sentido às suas ações. Mas a conação não é mais apenas um sinônimo de impulsão ou de vontade, pois também integra as capacidades de orientação e construção das ações. Se para certos autores o termo conação, situado no campo da ação, recobre a idéia de continuidade no esforço, parece mais justo situá-lo na elaboração (o *"priming"* dos anglo-saxões) dessa ação. A perseverança na ação supõe a repetição da elaboração. A conação faz o homem agir e realizar. É ela que faz com que em certa manhã de domingo alguém prefira sair para pescar em vez de ficar na cama. Foi ela que enviou o primeiro homem à lua e que fez diversos outros o seguirem. A ação tem, porém, outros motores: a libido, as necessidades primárias ou ainda as endorfinas (a gratificação bioquímica dos esforços). E esses motores implicam aqui a dimensão dos afetos. Nós também colocamos a hipótese de que existe uma função própria de iniciação da ação, independente dos afetos e dos instintos primários. Nesta abordagem, a função conativa gera aquilo que se costuma chamar, sem muita precisão, de *élan* vital, vivacidade, fome de viver.

Com esse conceito definido, surge uma questão: haveria uma realidade psíquica e orgânica? Muitas vezes a sobrevinda de uma síndrome deficitária isolada permite revelar a existência de uma função específica anteriormente ignorada. A conação gera a iniciação do movimento, da ação e até do pensamento, de modo que um problema deficitário nesse domínio se traduziria por uma inércia, uma "apatia" (no sentido comum da palavra), uma indiferença, uma impotência para agir. Aliás, existe na língua francesa uma palavra antiga que responde a essa idéia: *l'acédie* (a melancolia espiritual). Ou seja, o desgosto, a falta de energia e a indiferença. Não se pode também, de passagem, deixar de evocar a procrastinação a que Marcel Proust se refere como o perpétuo adiamento de uma ação a empreender. Mas ainda existem outros vocábulos que poderiam ser utilizados aqui: ausência de desejo, enfraquecimento da vontade, torpor, estupor, preguiça, neurastenia, desinteresse etc. E esses vocábulos também podem evocar os problemas de humor, particularmente a depressão. A depressão é a primeira causa dos problemas da conação, que por sua vez não são isolados. A depressão comporta ainda problemas cognitivos e afetivos. Existem algumas lesões cerebrais raras (ao nível da massa cinzenta central) que acarretam um problema quase seletivo da conação. É o déficit que resulta na atimormia. Ele confirma a realidade psíquica e anatômica da função conativa.

O comportamento de alguns idosos pode estar associado a um problema da conação. Inertes e apáticos, com o olhar perdido no vazio, indefinidamente sentados nas suas poltronas como que em seus postos... Tais idosos não apresentam qualquer problema cognitivo: a memória e o raciocínio permanecem intactos. Eles não sofrem, não mais, de depressão. Neles não há tristeza e lágrimas, não há idéias suicidas, nem sentimentos de derrota ou de desvalorização. Embora eles sejam espontaneamente incapazes de elaborar tarefas, isto não os impede de participar das atividades propostas pelos outros. Sozinhos, eles não fazem nada; solicitados, eles agem. Esse quadro de grande banalidade foi classificado entre os problemas psíquicos de comportamento, associados à idade e à involução cerebral pretensamente inelutável. Um quadro que, portanto, está muito próximo da atimormia. Será então possível lançar um novo olhar sobre a inércia dos idosos, talvez da mesma forma que foi reconsiderada a "caquexia" após a identificação que se fez do (verdadeiro) mal de Alzheimer. É sempre interessante distinguir os problemas orgânicos (raros) dos outros problemas (freqüentes) que nascem das condições de vida, da falta de estímulo e da depressão associada. Para estes últimos, não há fatalidade. É possível agir sobre eles e curá-los.

A perda da vontade pode assumir uma dimensão claramente patológica. Ou seja, a depressão, que nas suas formas mais graves pode conduzir o indivíduo ao suicídio. Em geral, fala-se muito mais dos suicídios entre os jovens do que entre os velhos. No entanto o número de falecimentos por suicídio é muito mais elevado entre os idosos do que entre os jovens e os adultos jovens. Os suicídios são a primeira causa de mortalidade entre os jovens. Mas a mortalidade nesta faixa etária, tanto por suicídio como por doença ou acidente, é muito fraca. Por outro lado, a freqüência dos suicídios (essencialmente masculinos) aumenta progressivamente ao longo da segunda metade da vida. Será que o suicídio entre os idosos revela um processo existencial semelhante ao da crise da adolescência? Haveria uma transição difícil entre os dois estados? É pouco provável. A causa mais evidente é a depressão. Sob todas as suas formas (patente ou enrustida, maior ou "simples" distimia), a depressão é uma das afecções mais freqüentes do envelhecimento, juntamente com a perda da memória. Estima-se que ela atinja 3% a 4% das pessoas idosas. A depressão nas idades avançadas apresenta características próprias. Geralmente um estado de mal-estar impreciso, de tristeza e de fadiga, facilmente atribuído aos lutos e às renúncias que acompanham o avanço da idade. Ela é assim banalizada e tida como normal e inevitável. Uma concepção errônea, porque a depressão não é de todo obrigatória. Os centenários que chegam ao patamar da longevidade bem-sucedida jamais apresentam problemas depressivos, pelo contrário. De todo modo, não pesquisar e não diagnosticar a depressão e, por conseqüência, não tratá-la é também abandonar o indivíduo ao sofrimento moral e à tentativa de suicídio.

Os centenários estudados por nós representam, sem dúvida, autênticas encarnações da conação! O *élan* vital desses idosos é surpreendente. Eles apresentam uma vontade de ferro, e de fazer, espantosas. Talvez seja por isso que eles chegam aos 100 anos de idade e até mais. Pode-se pensar que o potencial conativo de partida é bastante variável de indivíduo para indivíduo, da mesma forma que ocorre com a memória e a inteligência. Assim como é possível que o nível conativo evolua com o tempo (a idade) ou em função das circunstâncias e dos estímulos. A linguagem corrente utiliza esse tipo de fórmulas: "Ele não tem mais coragem, ele não quer mais nada." E logo em seguida: "Ele está ardendo em fogo, ele está cheio de vida." A capacidade empreendedora é, portanto, flutuante. Pode-se então vislumbrar uma melhora à frente, através de uma abordagem psicoterapêutica ou farmacológica? Isso não é de todo impossível. O desempenho da conação e o envelhecimento bem-sucedido parecem de tal maneira ligados que essas perspectivas terapêuticas precisam ser exploradas urgentemente! Enquanto esse dia não chega, resta a cada um de nós estimular a sua própria conação para, ainda e sempre, desejar!

O homem deve encarar a longevidade que se oferece a ele com conhecimento de causa, mas também com conhecimento das conseqüências... Nós estamos (quase) comprometidos a viver (muito) uma vida longa. Os bebês que nascem hoje na França terão uma chance em duas de se tornar centenários! Controlando a hostilidade (natural?) do ambiente e aprendendo a reparar os acidentes de percurso, o homem do século XX agregou mais 30 anos de vida ao seu destino. Não é mais a velhice que se eterniza, é uma nova idade que o veio preceder e lhe dar descanso. Um tempo de vida mais longo que o da infância e da adolescência reunidas, esta nova idade prolonga a maturidade e faz explodir as concordâncias que existiam há pouco entre a idade civil, a idade biológica e a idade social. Não há mais idade legal para ingressar na velhice e na doença (sobretudo, não aos 60 anos!). Os primeiros envolvidos, os "novos" velhos, já começam a se dar conta disso. Atualmente, a vitalidade, a competência e a generosidade destas pessoas reclamam um reconhecimento e um papel social. E as próximas gerações farão ainda mais. Elas esperam viver muito tempo e já vislumbram as condições do envelhecimento bem-sucedido. O professor Bernard Forette registrou três condições para isso: poder, saber e querer.

Poder é poder prevenir, investigar, tratar e compensar as deficiências associadas à idade. Poder está, portanto, ligado ao avanço dos conhecimentos e ao acesso aos cuidados. Saber é o resultado da educação, especialmente sanitária. Qualquer pessoa deve ter acesso ao conjunto das informações que propiciam opções de vida com conhecimento das... conseqüências. Não existe então poder sem saber, assim como não há mais igualdade e escolha (e, por conseguinte, liberdade) sem um saber acessível a todos. Por fim, querer é assumir ativamente a sua longevidade e o seu envelhecimento.

As responsabilidades individuais e coletivas estão imbricadas. A sociedade tem o dever de corrigir os fatores de desigualdade face ao avanço da idade e, especialmente, de assegurar a todos os melhores níveis educativos e econômicos possíveis. Ela deve subvencionar as pesquisas em gerontologia e difundir os resultados. Ela deve facilitar o acesso aos cuidados preventivos, curativos e paliativos. E ela tem o dever de reconhecer o valor de cada um e de dar um papel a todos, reforçando assim os laços entre as gerações. Finalmente, ela deve tomar para si a tarefa de cuidar dos mais fracos, em virtude de suas incapacidades e desvantagens, e não da idade. Por ora, cada um de nós é responsável pela qualidade de uma vida mais longa. Afinal, a nova longevidade está sendo construída sobre as etapas precedentes das quais ela não é mais que um prolongamento! Tanto a riqueza da vida pessoal e social como a gestão do capital saúde e a prudência financeira são fatores que incrementam a longevidade e o envelhecimento bem-sucedido. O envelhecimento bem-sucedido é a *eugeria*: a *"velhice boa e bela"* definida por Aristóteles como *"lenta e ao encargo da própria pessoa"*. Melhor do que o envelhecimento fisiológico, o declínio funcional lentamente progressivo e sem doença (o que já não é tão ruim!), a *eugeria* é um envelhecimento sem doença e sem declínio. Os resultados dos diferentes testes funcionais e psicométricos não se flexibilizam, eles melhoram. As "vítimas" da *eugeria* se adaptam, desabrocham e incrementam as suas competências por muito tempo, pelo menos algumas entre elas. É claro que o número de casos de *eugeria* é raro, pois eles estão perdidos no anonimato da média dos envelhecimentos. Mas se esses casos existem, identificados por critérios científicos, eles se mostram certamente muito mais numerosos quando são deixados à apreciação de todos, segundo os critérios de qualidade de vida que lhes são propostos. A legítima e razoável reivindicação (porque inscrita pela nossa contemporaneidade) do terceiro milênio bem que poderia ser a seguinte: 100 anos de vida para todos, *eugeria* para todos! Preparem então suas faixas! Pois elas poderão servir num futuro próximo! Dois fatos já ocorreram: a população mundial atingiu a cifra de seis bilhões de seres humanos e pela primeira vez festejou-se o ano internacional dos idosos (um resultado do seu aumento numérico?). Estimuladas por organizações internacionais como a OMS e a ONU (com iniciativas realmente humanitárias, pois não são submetidas à sedução de eleitorados e a certas "prioridades" orçamentais), as nossas sociedades poderão reintegrar os seus idosos (os com mais de 60 anos de idade!), devolvendo-lhes um papel no mundo (um papel que eles reivindicam e estão aptos a assumir) e oferecendo-lhes a oportunidade de envelhecer nas melhores condições possíveis.

Bibliografia

Algumas referências bibliográficas essenciais (em ordem cronológica).

LIVROS EM FRANCÊS:

Caton l'Ancien ou *De la vieillesse*, Cícero (cerca de 50-45 a.C.).
De la brièveté de la vie, Sêneca (cerca de 50 d.C.).
La Philosophie de la longevité, J. Finot, F. Alcan, 1919.
La Vieillesse, S. de Beauvoir (Gallimard, 1970).
Le Mythe de jouvence, P. Meyer (Odile Jacob, 1987).
Atlas du vieillissement et de la vieillesse, R. Hugonot, L. Hugonot (Érès, 1988).
Éloge de l'âge dans un monde jeune et bronzé, C. Combaz (France Loisirs, 1988).
Les Nouveaux vieux, G. Badou (Le pré aux clercs, 1989).
La Population française, J. Vallin (Repères, La Découverte, 1989).
La Population mondiale, J. Vallin (Repères, La Découverte, 1989).
Le Quatrième Âge, A. Thenevet (Que sais-je?, PUF, 1989).
Les Horloges biologiques, L. Robert (NBS, Flammarion, 1989).
La Démographie, J. Vallin (Repères, La Découverte, 1992).
Espérance de santé, J.-M. Robine, M. Blanchet, J. E. Dowd (INSERM, 1992).
Acteurs et enjeux de la gérontologie sociale, P. Pitaud, R. Vercauteren (Érès, 1993).

Antioxydants et vieillissement, G. Jadot (John Libbey, Eurotext, 1994).
Vivre après 80 ans, H. Beck (Hermann, 1994).
Vivre jusqu'à 120 ans, Y. Christen (Libre Expression, 1994).
Le Vieillissement, L. Robert (CNRS Éd./Belin, 1994).
Le Paradoxe français (tradução), L. Perdue (Barthélemy, 1995).
Améliorez votre mémoire à tout âge (tradução), D. Lapp (Dunod, 1997).
Bien vieillir, O. de Ladoucette (Éditions Pratiques, Bayard, 1997).
La Révolution de la longévité, F. Forette, J.-P. Caudron (Grasset, 1997).
Toi, mon senior, C. Collange (Fayard, 1997).
Vieillir en bonne santé, R. Sebag-Lanoë (Desclée de Brouwer, 1997).
Le Vrai Visage de seniors, B. Mégy (Pleine Vie, 1997).
Merci, mon siècle, C. Collange (Fayard, 1998).

LIVROS EM INGLÊS:

Senescence. The Last Half of Life, G. S. Hall (D. Appleton & Co, 1932).
A Good Age, A. Comfort (Mitchell Beazley/Crown, 1976).
Vitality and Aging, J. F. Fries (Freeman & Co, 1981).
Maximum Life Span, R. L. Walford, (W. W. Norton & Co, 1983).
Human longevity from Antiquity to the Modern Lab: A selected, annotated bibliography, W. G. Bailey (Greenwood Press Inc., 1987).
Emergent Theories of Aging, J. E. Birren, V. L. Bengtson (Springer Publishing Company, 1988).
Aging: A Natural History, R. E. Ricklefs, C. E. Finch (Freeman and Company, 1995).
The Impact of increased life expectancy, Beyond the grey horizon, M. M. Seltzer (Springer Publishing Company, 1995).
The Clock of Ages, J. J. Medina (Cambridge University Press, 1996).
Fountains of Youth, pelos editores da Ronin Publishing (Ronin Publishing, 1996).
Between Zeus and the Salmon. The biodemography of longevity, K. W. Wachter, C. E. Finch (National Academy Press, 1997).
Longevity: To the limits and beyond, M. Allard, J. M. Robine, B. Forette (Fondation IPSEN-Springer, 1997).

Monographs on Population Aging (5 volumes), (Odense University Press, 1994-1998).

ARTIGOS — REVISTAS (INGLÊS E FRANCÊS):

"Aging, natural death and the compression of morbidity", J. F. Fries *(The New England Journal of Medicine*, vol. 303, n° 3, 1980, 130-135).

"Human aging: usual and successful", J. W. Rowe, R. L. Kahn *(Science*, vol. 237, 1987: 143-149).

"Calculation of health expectancies, Calcul des espérances de vie en santé", J. M. Robine, C. D. Mathers, M. R. Bone, I. Romieu (Éditions INSERM/J. Libbey n° 226, 1996).

"Genetics and the pathobiology of aging", G. M. Martin (*Philosophical transaction, Royal Society of London*, B, 352, 1997: 1773-1780).

"A correct compassion: the medical response to an ageing society", J. G. Evans (*Journal of the Royal College of Physicians of London*, vol. 31, n° 6, 1997: 674-684).

"Genetics and the future of human longevity", T. B. Kirkwood (*Journal of the Royal College of Physicians of London*, vol. 31, n° 6, 1997: 669-673).

"Centenarians: Human Longevity outliers", D. W. E. Smith (*The Gerontologist*, vol. 37, n° 2, 1997: 200-207).

"Aging: new Answers to old questions", R. Weiss (*National Geographic*, vol. 192, n° 5, 1997: 2-31).

"Évolution de la mortalité aux ages élevés en France depuis 1950", J. Vallin, F. Meslé (*Dossiers et Recherches* INED, 1998).

"Confronting the boundaries of human longevity", S. J. Olshansky, B. A. Carnes, D. Grahn (*American Scientist*, vol. 86, 1998: 52-61).

DOSSIÊS ESPECIAIS, RELATÓRIOS, CONGRESSOS, EXPOSIÇÕES:

Medicine and Social Science (vol. 2): Envelhecer, um desafio à ciência e à sociedade (Institut de La Vie, WHO Regional Office for Europe, 1981).

Os principais documentos da assembléia mundial sobre o envelhecimento (Nações Unidas, 1982).

Dossier Éthique, Médecine, Societé (nº 17): Envelhecer... (Revista *AGORA*, 1991).

Dossier NIH-NIA: Em busca dos segredos do envelhecimento (National Institute of Health/Nacional Institute of Aging/USA,1996).

Envelhecimento diferencial de homens e mulheres, A. Stuckelberger, F. Höpflinger (Seismo Dossier, 1996).

Questões na saúde pública: envelhecimento, saúde e sociedade (Edições INSERM, 1996).

V Fórum da Temps Rétrouvé: longevidade e sociedade, o desafio de uma revolução planetária (Le Temps Retrouvé, 1996).

Colóquio de Medicina e Pesquisa: série Longevidade (Fondation IPSEN, 1996/1998).

Travaux et Recherches de Prospective (nº 6): O envelhecimento demográfico na União Européia, no horizonte de 2050 (Futurible International-Lips-Data, Commissariat général du Plan, 1997).

Dossier Demográfico e de Saúde (nº 3): A longevidade humana (INSERM, 1997).

Atualidade e Dossiê da Saúde Pública: Envelhecimento, idade e saúde. (Haut Comitê de la Santé Publique, 1997).

Dossier EPS (nº 34): O envelhecimento, um processo permanente de transformação (Revista *EPS*, 1997).

Relatório sobre a saúde mundial (OMS, 1998).

Congresso internacional "Longevidade e qualidade de vida: Uma revolução mundial" (Conselho Internacional para o Progresso Global da Saúde — Unesco, 1998).

Sílabo geriátrico (Fondation IPSEN, 1998).

Gerontologia e sociedade (Revista Fondation Nationale de Gérontologie).

Exposição permanente: 6 bilhões de homens (Museu do Homem, Paris).

Este livro foi impresso nas oficinas da
Distribuidora Record de Serviços de Imprensa S. A.
Rua Argentina, 171 – Rio de Janeiro, RJ
para a
Editora José Olympio Ltda.
em junho de 2005

✻

73º aniversário desta Casa de livros, fundada em 29.11.1931